U0040909

控制狂媽媽

BY 嚴立婷

時報出版

目錄

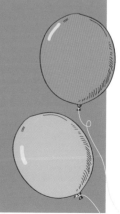

原生家庭 ♡

謝謝我的原生家庭，
它讓我不至於長歪

老大的原罪

　　記憶裡，小時候家裡的主要照顧者是我的父親；早上送我上學、下午接我放學，回家盯我功課，上國中後就開始規定門禁時間，假日會帶我們全家出遊享受天倫之樂，而且，無論再忙，每天上學要吃的便當也都是爸爸準備的！看到這，一定會有個疑問：媽媽呢？呵呵～其實我母親也沒閒著，畢竟家裡也是有三個孩子要顧，但和父親相比，母親的性格樂天又不拘小節，加上是職業婦女的關係，所以在時間沒父親彈性、要求沒父親嚴格的情況下，控制狂爸爸就這麼悄悄地誕生了……

　　其實爸爸事業做得還不錯，當初甚至還有一個機會成為一家大公司的老闆；但是為了全心全意照顧我們三姐弟，他毅然決然地放棄那些，憑藉著他累積的經驗和聰明的腦袋，轉為能掌握時間的自由業，為的就是能換取更多的時間來陪伴他最重視的孩子們。

　　爸爸曾經說過，他不希望孩子在長大的過程中缺乏父母

的陪伴；所以無論是母姐會或是家長會，甚至是求學每個時期的畢業典禮，在記憶裡都有爸爸穿梭的身影！依稀記得他驕傲地說過：「身為父親，就應該要『不缺席』。」

但這份全心全意，幾乎 100% 的火力都集中在老大——就是我本人身上！爸爸可能以為他姓「嚴」，管教就必須很嚴……記得國中之後我就開始了很少能夠喘息的生活，爸爸的教育理念是體罰型，尤其特別鍾愛「罰跪」這路數，因此我很常因為考試考不好或是沒有遵守門禁而被處罰！曾經跪著寫功課寫完繼續跪，跪到一個天荒地老、海枯石爛才結束，雙腳早就沒有知覺，根本站不起來！

也就是因為太嚴格，壓得我像籠中鳥般極度渴望自由，才就此埋下了我青春期的刻意叛逆。

不過說也奇怪,這份窒息的愛竟在叛逆的路上成了一盞明燈!握著這份愛,縱使我有段荒唐的青春期,但我打從心底知道,愛玩也還是要愛自己,愛叛逆也還是不能失去分寸;所以就算自己選擇了一段現在想來實在後悔的曾經,我始終都有謹記家規,堅持最後底線,心中雪亮地知道:就算荒唐,也要荒唐得光明正大!

在為人母前,我一直叮嚀自己「己所不欲勿施於人」的真理,不斷反覆提醒自己:千萬不要以為姓「嚴」就應該要嚴格,千萬不要和我的孩子有距離,千萬不要壓得他們喘不過氣,千萬不要當一個讓孩子害怕的母親,千萬千萬……N百個 OS 變成跑馬燈在我腦海裡面不斷盤旋;直到我當了母親,才發現——父親帶給我的影響真的很深很深。

記得某日,3 歲的 Willson 耍脾氣胡鬧、亂丟東西,當下我過去打了一下他的小手,告訴他這樣是不對的行為,那力道大概就像被 10 隻蚊子同時叮到一樣弱,沒想到當事者沒事,在旁邊的外公外婆激動得不得了!立刻數落我怎麼可以打小孩,體罰是不對的～～～霹哩啪啦講一堆!當下我忍不住小聲說:呃,不好意思喔,嚴先生,您還記得您當初是怎

麼體罰我的嗎？現在不過拍一下您金孫的小手反應就如此之大……有事嗎？？

事後父親解釋，哎呀，現在年代不同了嘛！現在不是都說要愛的教育？我噗哧笑了兩聲拍拍他的肩：你毫無說服力耶……其實我何嘗不知道年代不同？！現在的資訊如此之發達、如此之快速，孩子每天接收的新鮮事是我們小時候的N百倍，教養當然會有所不同啊還要你說！不過傻眼想笑之餘，也體會到為何以前常聽說父母親對孩子跟對孫子可是兩回事，現在看來他們還真的是雙重標準啊！

父親的全心全意，母親的另類呵護，換來三代同堂的天倫。雖然不曉得 70 個年頭以來他們兩老有沒有遺憾？但無論有無，我都會努力盡孝道，親情至上。謝謝我的父母，謝謝我的原生家庭帶給我的所有，謝謝它讓我不至於長歪，雖然我可能會是一個控制狂媽媽，但我很謝謝我的原生家庭讓我長成了正直嚴格的那一類人。

珍貴的時刻～我摯愛的父母親。

我小時候就很像小男生。

我們三姐弟從小感情就很好。

我也曾經是翹家少女

我第一次的叛逆，就是翹家。

控制狂爸爸顧名思義就是「盯」著我所有的一切！記得國二的時候我就有心儀的男生，不知我爸去哪調查的資訊，居然知道我們哪天會一起相約在某公車站牌等車！於是他就上演背後靈的戲碼在暗處掌握我的行蹤，盯著我的一舉一動；而背後靈的最高境界就是：你永遠不知他到底在哪裡看著你！！

國中畢業後我考上國立臺北商專夜校（就是現在的國立臺北商業大學），開始了我半工半讀的人生，白天的時間就用來打工存錢，晚上乖乖上課。剛剛說了我有一個控制狂爸爸，我人生第一份工作是一家貿易公司的助理小妹，想當然爾也是在爸爸的掌控中，因為老闆是他的朋友。一直到了下學期，某天我忽然覺得，這16年來我都是在你的羽翼下成長，我也該張開翅膀自己試著飛翔了吧？

之所以有這樣的覺醒，也是因為開始工作後，認識了一些校外人士，接觸到了一些不同的世界，發現其他同年齡的朋友都很有自己的想法，和父母討論後都可以決定自己想做的事，那我為什麼不行？父親的觀念就是把孩子永遠當作孩子，無論年輕還是現在，他還是常常會對我的決定持反對意見，因為他就是擔心我不懂！但其實不是我不懂，只是我們意見不同罷了～ 不過，這就是天下父母心。

我應該是史上最特別的蹺家少女了，因為我蹺家的場所很公開，就在我的外婆家。看到這會想笑吧？拜託，這哪叫特別啊，這叫沒膽吧？！呵呵，的確有一點啦！其實一方面是覺得爸爸管太嚴想做無聲的抗議，一方面也是怕他擔心，真心怕他每晚為了擔心我行蹤而食不下嚥徹夜難眠，所以選擇了一個就算是不回家也不會被罵太慘的地方棲身，還可以順便陪陪外公外婆，何樂而不為？哈～

就這樣，我一住就住了 3 年！那幾年與父母親和妹妹弟

弟感情變得比較疏離，也沒回過家，但如果你問我：如果時
光能重來，妳還會做同樣的選擇嗎？是，我會。我想我還是
會做一樣的決定！或許那段時光給了我許多荒唐的回憶，但
有形無形中，卻替我的人生注入了不同意義的色彩，無論好
壞與否，都是養分的來源啊！

畢業之後，我扮演的角色是一個很普通的上班族，自己在外面找地方住；從 17 歲到 24 歲，我都是一個人自立自強地努力過日子，年輕大無畏，除了八大行業以外我幾乎什麼工作都嘗試過！站在路邊舉廣告立牌、清晨派報人員、加油站員工、貿易公司小妹、百大企業公司助理、銀行貸款部門業務、賣場倉管、廣告公司櫃檯、徵信社、甚至還幫過外公代班兩個星期的大樓管理員……只要是堂堂正正能夠賺錢糊口的工作我都很願意嘗試，而這些經驗也讓我認識了很多層面的人，默默地造就了我眼色很好、很會觀察各種人事物的優勢，這就是我說至今不會後悔蹺家的其中一個重要的原因之一。

讓人喘不過氣的嚴式教育，某天竟救了我一命。

豐富的工作經驗，唯有在徵信社工作的那段期間讓我永生難忘。在裡面，我其實只是一個行政助理，某天業務們都出去跑外務，有個突如其來的生意上門，老闆急需幫手但放眼望去公司居然只剩下我，乾脆死馬當活馬醫抓著我就出勤了！就這樣，我獻出人生的第一次抓猴……

抓猴任務成功後，老闆很讚許我的表現，某天他聲稱有

個外務可以帶我去見識一下，我不疑有他就去了，結果沒想到，有如電影一般的情節竟然就在我面前活生生的上演！

那天的情景彷彿歷歷在目，我們到了一間高級五星級飯店，打開房門一陣煙霧瀰漫，當時想說房間放什麼乾冰啊！？嗅覺這次贏了視覺，當時飄來的味道雖然一時形容不來，但我肯定絕對不是什麼好東西的味道！接著，煙霧散去後，我看到房內大約有十個人左右，但那不像人，因為每個人都好像行屍走肉般魂不附體、眼神渙散！茶几上鋪滿白色的粉末，煙啊酒啊就像小菜一樣陪襯在旁邊，天啊！是在演古惑仔嗎？眼前的景象讓我整個人完全嚇傻了！第一個反應，二話不說躲進廁所，清白如我啊！當下我立刻 call 我朋友請她趕快來救我出去，好在機靈的人必有機靈的朋友，半小時後房內電鈴聲響，我在廁所內聽到一句「不好意思我有急事要找嚴立婷，她父親在一樓大廳等她」，奪廁所門而出的那刻，發現根本沒一個人是清醒的狀態，因此我也就老天保佑順利脫困了。

離開後，腦海中浮現父親的臉，不知為何，忽然好想衝回家抱他！因為爸爸帶給我的家教，讓就算是當時正在蹺家狀態那麼叛逆的我，下意識毫不考慮就是要遠離那裡遠離毒

品！就算再荒唐，也該活得堂堂正正啊！沒想到，喘不過氣的諄諄教誨在那時拉了我一把，徹底地拯救了我的人生啊！

原生家庭帶來的不同教育，原來會反映在孩子的選擇上。

進演藝圈之前，我在銀行當業務時認識了一個女同事，她個子嬌小玲瓏，個性隨和大方，長得很端正很有氣質，因為工作常會相處在一起，我們從同事變成了無話不談、形影不離的閨蜜，好到還一起找了一間套房兩個人住在一起，每天一起上班一起下班一起吃飯一起逛街一起玩樂，直到遇到了某一個轉折，我們的友情開始起了變化……

業務這個工作，需要有足夠的抗壓性去面對業績的好與壞，好的時候被表揚，差的時候被主管約談，這都是再平常不過的事，但面對生活的現實、金錢的壓力，我們都萌生了換工作的念頭。

某日，她忽然問我：妳想找哪種類型的工作？我說：不曉得耶！就一般公司職員吧。她開始有點吞吞吐吐：誒，我有一個朋友問我想不想賺快錢，妳想嗎？我問：快錢是什麼鬼？她接著說：妳有聽過「制服店」嗎？我天真的回：以前學校旁邊繡學號賣制服那種店喔？她鄙視的看著我：吼，不是啦！算是酒店的一種。我回：蛤？妳不要緊吧？妳想去酒店上班？

霎時，我總算懂了快錢是什麼意思！她鎮定的說：「我朋友說制服店跟一般酒店不同，一般酒店可能環境比較複雜，但制服店很單純，就只要陪客人喝酒聊天而已。」我冷冷地回：「第一，我不喜歡跟陌生人喝酒。第二，如果有客人借酒裝瘋在那邊亂摸我，我一定會扁他。所以為了不讓我爸媽在社會版見到我，我可能不適合那個工作。」我繼續說：「快錢？能多快？能賺多久？就算一個月讓妳賺 20 萬好了，5 年後就算妳戶頭有 1000 萬積蓄又如何？如果這將會是一段不想讓人回憶的過去，再多錢妳都抹不去妳知道嗎？」

一個月後，她還是去上班了。每個深夜，她總是不醒人事在廁所又哭又吐的，某次她哭著說：「妳知道嗎！剛剛有個超噁心的客人竟然把手伸進我的上衣裡！他居然把手伸進我的上衣裡？！」當下我雖然心疼，但還是忍不住翻白眼不帶感情的說：「請問妳不坐在那，他能摸妳嗎？」

兩個女生同樣面臨人生的選擇，卻選了兩條截然不同的路。

結果，她和制服店裡面某個客人交往不久就未婚懷孕，生了一個兒子，原本以為會像王子與公主般地幸福美滿，但

其實，她飽受家暴之苦。兩年後，她決定帶著孩子離婚。共同朋友告訴我，直到現在她都在與現實搏鬥，辛苦地努力扶養兒子成人，而我們，因為沒有交集，也就再也沒有聯絡了。

看著她的人生，我在心底默默地感謝那些曾經讓我喘不過氣的諄諄教誨。也許未來我可以抬頭挺胸堂堂正正告訴我的孩子：就算有一天媽媽什麼都沒有，還是有一身堅不可摧的勇氣與骨氣！

那些個叛逆的時光，現在看來只是個過程，似乎還沒有機會和父親聊聊那段讓我們都很窒息的過去；但我真心不後悔，至少在那段獨立的日子裡，我學會什麼叫對自己負責！

令人意外的是，沒想到這些荒唐的歲月，竟成為我進演藝圈後不可磨滅的養分。

踏進綜藝圈之後，我的叛逆竟成為我的招牌。

剛接觸談話性節目那幾年，拜那些「養分」所賜，我的故事根本源源不絕！誰都不敢相信，累積的這些經歷讓我在

競爭激烈的綜藝圈裡默默殺出一條血路，種出一株屬於我自己的大樹。

然而縱使在節目中不掩飾地分享，但外人也許不明白，其實我心中自有一把尺，明辨是非，善惡分明，這些觀念都要感謝從小不厭其煩一直叮嚀囑咐我各種做人處事道理的父親。所以當你有機會創造一個家庭前，請先問問自己是否有把握可以讓你的下一代在成人後，能感激地回首自己是在一個成熟有愛的原生家庭長大！如果你還有遲疑，就先談好戀愛，其他再說吧！

沒料到，父親這種瘋狂洗腦式的教育讓我徹底執行在我孩子的身上。記得我曾經看過一個星座分析「12 星座媽媽的管教風格」，其中對摩羯座的評語我至今也是點頭如搗蒜，它說──「講一次不聽沒關係，講十年我看你聽不聽。」

哈哈哈哈哈！這下子，還感受不到原生家庭的影響力嗎？

2014/9/4

2014/9/25

2014/10

愛不要只放在心裡

其實我從小就是一個很有責任感的姐姐，當然也是因為爸爸給的教育，我永遠都記得，小學的時候我就要去接妹妹和弟弟下課。妹妹小我 5 歲，弟弟小我 9 歲，所以身為老大的我，理所當然地成為父母的小幫手。

「物質」這一塊在我爸的教育思想裡，比重是頗低的，記得我五年級的時候，妹妹才幼稚園大班，我每天放學都會去幼稚園接她回家，路上有幾家必經的雜貨店，雖然我的零用錢很少，但如果妹妹想要一些小玩具，我會甘願花光所有的錢，只為換得她一個雀躍天真的笑容！講起來好像很矯情，但小小年紀的我，真的覺得這是身為一個姐姐該做的事情！

從小爸爸會準備好早中晚餐，學校該繳的費用，爸爸也都會負責到底，因此他認為孩子不需要再花其他錢，所以想當然爾，我也不會有多餘的零用錢去滿足一些屬於那個年紀的小確幸，久而久之也就慢慢習慣了。也許當時父親為了養

家而無力顧到太多層面，但其實孩子要的不多，有個 5 元、10 元玩一下戳戳樂或買一些小零嘴的，就會開心好久了！

將心比心，我不希望弟弟妹妹體驗到我的感覺，所以當我有經濟能力後，我偶爾會塞錢給他們，印象最深刻的是，有一次我看不慣弟弟遺傳到爸爸的節省，都不帶女朋友去約會，我直接就塞 2000 元給他，叫他帶女朋友去看電影逛街，因為年輕人就是要擁有這樣的生活啊！

不知道因為我是一個大方的姐姐，還是在我爸的威權統治下患難見真情，我和弟弟、妹妹的感情都很好，而我和妹妹最大的不同，就是她一直以來都很順從父母，直到她 28 歲那年竟突然吵著要出國打工遊學，這種堅持對一個一直以來都很順從的孩子來說，父母絕對是無法接受的！但我卻不這麼看，雖然還是會擔心，可是我還是勸父母，她都快 30 歲了，你明明知道反對也沒有用，還不如全力支持，因為只有支持她，她才願意告訴你們她在那邊發生什麼事，不然反對到底，

出國之後音訊全無，難道你們想要這樣嗎？

　　在這樣的姐妹情深下，我妹常常會一針見血地指出一些觀點，讓我很受用。雖然她小我 5 歲，但長大後，我們的大不同個性，反而讓我有機會明白很多不同的觀點。

　　現在我們也算是三代同堂，所以幾乎天天都會讓父母來家裡享受天倫之樂，無論有什麼出遊計畫，我都會拉著父母、甚至是弟妹一起同行，這些都是我小時候心裡的「幸福家庭藍圖」，就像「王子與公主從此過著幸福快樂的生活」；但某一天，妹妹的一番話，戳破了我的童話，成為一個當頭棒喝！

　　某天她問我：妳覺得我們跟爸媽親密嗎？我愣住了，怎麼可能不親密？不親密會天天一起吃飯，常常一起出遊，去哪都黏在一起，幾乎無話不談嗎？這不就是親密嗎？

　　我妹說，不，我認為的「親密」這兩個字的解讀是「肢體上的親密」；因為研究指出，肢體上的親密會散發一些心裡的荷爾蒙，導致更密不可分的一種化學反應，在我看來，

這才稱得上是真正的親密。

　　我仔細思考了她的話，可能因為上一代的教育方式比較保守，不像現在我們更容易就脫口說：「我好愛妳喔寶貝，來，媽媽親一個，爸爸抱一個」，所以說真的，我不曾勾過我媽的手逛街，或是抱著我爸說你是我這輩子最愛的男人之類的……

　　長大之後，某一次和爸爸一起上節目，主持人要求我們互相擁抱，說說話，我記得我和爸爸那天都哭了，我想那可能是一種很陌生的感動，導致流下了渴望擁有的眼淚。

　　妹妹的這段話很重要，因為接下來我明白了，我和孩子的關係不能重蹈覆轍。

　　雖然嚴格，但規範之餘我希望我會是他最好的朋友；
　　雖然嚴厲，但我希望他明白因為愛他所以才要讓他變成更好的人；
　　雖然嚴謹，但我期盼在內心深處我始終是他最忠實的聽眾、不可或缺的 soulmate。

　　其實這不容易，一方面自己要很有原則，讓孩子清楚知道媽媽的底限是什麼，當妳說愛他的時候，另一面又得嚴厲地規範各種生活規矩，而不是只有簡單的親親抱抱和聊天可以解決的，但我相信，親密這件事情絕對是親子之間很好的潤滑劑。

　　我們上一代太嚴，下一代又太鬆，鬆緊之間，我每天都在掙扎，對我來說，其實我一直在努力平衡；尤其像我這樣一個控制狂媽媽，除了平衡自己，還要學習如何放鬆那個控制。

　　大部分的媽媽都在天平上練習平衡。雖然我生了他，但他卻是一個屬於他自己的個體；從小就希望自己是個獨立個體的我，長大就明白，為什麼自由是無價的？為什麼信任和尊重那麼地難能可貴？而如何權衡這些，我認為才是父母最終極的課題。

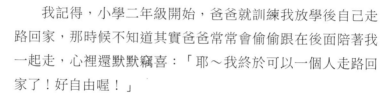

兩代大不同

　　我記得，小學二年級開始，爸爸就訓練我放學後自己走路回家，那時候不知道其實爸爸常常會偷偷跟在後面陪著我一起走，心裡還默默竊喜：「耶～我終於可以一個人走路回家了！好自由喔！」

　　長大後我才知道，我以為的自由，其實是爸爸犧牲他的自由換來的。自己當媽之後，起碼到現在為止，我都是樂此不疲地犧牲自己的自由。但我還是時時告訴自己，懂得拉也要懂得放，就像夫妻相處一樣，有時候睜一隻眼、閉一隻眼才是康莊大道啊！

　　生了第二胎之後，我妹無意間又成為我的良師益友；她說：其實她從小就很羨慕我可以自己決定，自己控制要去哪裡，自己選擇要交什麼樣的朋友，有勇氣面對自己所有的選擇，因為她從小到大都習慣讓爸爸決定她的人生，甚至連大學的科系都因為習慣被控制，而選了一個她至今都後悔的科系。

所以雖然是同一個原生家庭,但姐妹兩個卻過著截然不同的人生!事過境遷後,有一次聊起來,我爸也不得不承認,孩子真的是要因材施教,因為每一個個體的個性都不同,並不能套用同一種模式的教養。

屬於外公和外孫女的天倫之樂。

畢竟以前的年代沒有那麼多親子教養專家，父母只能靠自己的智慧去教育下一代，比如老大先唸公立的學校，但成績也許不優異，就會覺得老二要改唸私立的，自以為有調整，但其實還是盲目的。所以我相信因材施教的重要，如果把一個個性活潑、天馬行空的孩子放去軍事化教育的學校裡，你說能不毀了他的人生嗎？

另一個很大的不同，是上一代的父母普遍都是權威的，「天下父母心」說得好聽、但也是要到你真的當了父母才會懂！所以我現在當了父母，我知道小孩雖然不懂，可是你要聽聽看他怎麼說，不能基於保護的立場，就只有否定！因為否定久了，信任就沒了。

我爸的權威根深蒂固，從小我的心事只能往回吞，所以我總是告訴自己，我一定要先聽聽看我的孩子怎麼說。

舉個最實際的例子，有一次 Willson 在跟鄰居玩，我去上個廁所回來，發現他在門口哭，我問他怎麼了？他哭著告訴我那個鄰居哥哥打他的肚子。此時外婆在旁，完全不能容忍有人欺負她的外孫，袖子一捲就要進去找人家理論，我連忙拉住她，請她先冷靜一下，都還搞不清楚事情怎麼發生的，

怎麼可以先聲奪人？

　　因為我的判斷是，這個鄰居哥哥並不是會主動攻擊人的小孩，所以我才會放心讓 Willson 跟他一起單獨相處，再加上調皮的男生玩在一起本來就是會有這種情況發生，所以我更想釐清事情的經過。沒想到外婆才是最失控的那顆原子彈！

　　我努力地讓外婆先冷靜下來並安撫 Willson，然後趕快進去了解一下事情發生的經過，對方的家長告訴我，其實就是玩樂間正常的肢體接觸，他的小孩也是有被打到臉。因為對方很客氣，也道了歉，所以我明白這跟我當初的判斷應該是沒有出入。

　　回到家後，我跟 Willson 解釋說：你也有不小心打到人家，可能因為你打到他很痛，所以他回擊，這是正常的過程，如果你真的很生氣，你還要跟他當朋友嗎？當時我記得他是回我「不要」，我跟他說：「好，如果有一天你原諒他了，就可以跟他出去玩；如果你真的覺得他是故意的很過分，那你可以自己決定該不該再理他。」傾聽之後，我選擇讓孩子當他自己的主人。

　　再回到現場最爆的那顆原子彈，那個當下我忽然體會到，隔代教養有多麼的恐怖！如果是自己的孩子錯在先，還像我媽一樣侵門踏戶地去告狀，豈不貽笑大方？這就是兩代之間的落差，同一件事，我媽和我的處理方式卻截然不同。也許因為愛孫心切，所以她無法理智地處理；但我會選擇站在客觀的一方看事情。我永遠不要成為假使孩子進了警察局，還對著警察哭喊「我兒子很乖！我兒子很乖！」那種可憐又無助的媽媽。

　　為了證實我真的是一個理智的媽媽，以下的例子足以證明：

某天，Willson 玩樂中摔倒了……

「現在真的有痛到不能站嗎？」

「有（哭音）……」

「好，那你蹲著告訴我發生了什麼事。」

「可是我這裡很痛，很像斷掉了！（手比肋骨部位）。」

「寶寶，相信我，如果是骨頭斷掉，你會痛到一句話也說不出來！乖，你沒事的，就是黑青而已。」

「黑青也是很痛啊（哭音）……」

「就像爸爸打籃球，不是有些叔叔會出拐子嗎？被拐子打到也是很痛啊！但你看爸爸有哭嗎？大概是那種感覺，休息一下就會沒事了。」

雲淡風輕安撫完，再幫他貼一塊藥布，轉移一下注意力就好了。

這類的情況，會層出不窮地發生在父母的日常中。我想要告訴正在看這本書的父母們：當你冷靜，孩子就會冷靜；當你比他激動，他就會更覺得真的是世界末日了！千萬別讓事情走到一發不可收拾的地步，否則只是讓事情走進更無底的深淵罷了！

再舉一個例子，有一晚 Tammy 睡覺的時候突然醒來，我像平常一樣想説抱起來搖一搖、哄一哄應該就會繼續睡，沒

想到她哭著哭著忽然開始狂吐，吐得我全身都是！可能因為吐的感覺實在太不舒服，所以她當下臉上其實是非常驚慌的表情，而遇到這突如其來的吐我也是嚇傻，但我立刻告訴自己要冷靜，因為媽媽的反應會決定一切！如果我當下尖叫或是大驚小怪，她反而會被我嚇到而大哭，導致事情一發不可收拾！我冷靜地拍拍她，摸摸她的頭溫柔地說：「沒事沒事，媽媽在這裡，妳看妳把髒東西都吐出來了，妳好勇敢喔！等一下就沒事了。」接下來，就看到她的眼神從驚恐轉為平淡，短短的 10 分鐘，她完全沒有哭，我還跟她擊掌，再鼓勵她一下，就這樣，事情平安落幕。

你怎麼反應，孩子就會怎麼反應，嘔吐本身已經是不舒服又害怕的事了，如果大人不夠冷靜，孩子也會跟著覺得「天啊，怎麼會這樣」，其實反而是你嚇到他，情緒就會更難安撫下來了。

這就像小孩跌倒，阿公阿嬤可能會大驚小怪或打地板怪地板滑什麼的，這種情況在我家絕對不可能發生！只要我判斷沒什麼大礙，我就會說：「怎麼樣？沒事吧？那你問一下地板會不會痛？」

有一次 Willson 不小心撞到柱子～

 這很痛耶，這柱子幹嘛在這裡啦！

不好意思喔，它 10 年都長在那裡，它才要覺得你為
什麼要去撞它吧！你是活的，它是死的，它又不會
動！是你不對，麻煩跟它道歉喔！

此刻 Willson 也不好意思再哭了，
畢竟是他自己去撞它，沒道理哭嘛！

　　你當下的反應，絕對會影響事情的結果！重點是一定要
先冷靜，孩子才不會被你的情緒牽著走。我也是經過無數次
的驚濤駭浪，如今才能擁有這一點的 EQ，況且我是藝人，
在外也不適合暴走，訓練自己的同時也給孩子良好的示範，
也算是一舉兩得啦！

　　兩代之間的教養落差，讓我知道教養不能只有一條路，
而我們只能盡量學習，在陪孩子成長的過程中不斷快速地修
正，才能找到一條最適合彼此的路。

這就是所謂的天倫之樂吧！

Tammy 要出月子中心的第一天。

心肝寶貝

＃ 雖然總有一天要放手，
還是希望能永遠擁你們在懷裡

各種愛恨情仇

俗話説的好：「老大照書養，老二照豬養。」當媽之前無法體會，只覺得根本就是那些人以訛傳訛，都是自己生的哪有可能差那麼多！但當了媽之後，我必須説，以訛傳訛有些時候都是事實……哈哈哈！

Willson 和 Tammy 兩兄妹相差 6 歲，妹妹出生之前，Willson 是我們唯一的寶貝，除了工作必須請保母幫忙以外，我幾乎不假他人之手全都自己帶，所以也不曾想過為何我父母怎麼都沒有主動説要幫我帶小孩？但自從女兒開始和大人有互動之後，他們常常都會説：「妳如果要去忙就把妹妹帶過來，我們可以幫忙帶。」嘖！這是什麼差別待遇？自古以來偏心也是偏心男生，兩老都鍾愛妹妹是哪招？

結果，某天我母親解除了我的疑惑，她説：「妳就是第一胎和第二胎差很多啊！第一胎妳根本就無法放手，把他捧在手掌心寵上天，第二胎出來妳明顯比較放鬆，這就是大家為什麼覺得妹妹比較好帶，比較乖，那是因為妳沒有那麼

Willson 這名字的由來，是因為爸爸叫 Will，所以 Will 的兒子就是 Willson ！

focus 在她身上，注意力沒那麼集中，所以她就不像哥哥那麼驕縱啊！」仔細想想，好像還真的有那麼一點道理……

　　同時期的兩兄妹，難搞度真的是 Willson 遙遙領先，甚至是望塵莫及，難怪從前會有什麼「老大照書養、老二照豬養」這個說法，的確是有跡可循的啊！

被害妄想症媽媽。

還記得Willson在3歲以前，我完全是模仿我父親的翹楚，因為背後靈就是我本人！由於這孩子生來不易，所以無論何時何地我腦海中都有一大堆跑馬燈會出現，比方說，如果他在公園草地上跑，我腦中跑馬燈可能就會跑出：等等會不會有一隻蛇衝出來？然後我就會像瘋子一樣一直盯著草地裡面看，連一隻螞蟻都不放過；如果我們在百貨公司二樓以上，只要Willson靠近圍牆玻璃，無論它看起來有多堅固，我腦中的跑馬燈可能就會跑出：等等會不會有一個很胖的人走過去然後不小心摔倒撞到他，接著衝擊力太強、玻璃就裂了？諸如此類……如此荒唐的橋段每天都會在我腦子裡上演，直到Willson去年上小學之後，這情況才稍稍改善一些。

那現在的Tammy呢？難道我的被害妄想症就好了嗎？也不是那麼容易康復啦；但說真的，症頭的確減輕起碼50%以上！忽然有人來分割我的愛、我的注意力，減弱是必然的嘛。

不過這好像還不是最明顯的落差，有朋友某天語重心長地問我：「誒，為什麼很少看到Tammy穿得美美的照片？女

生不是更可以每日時裝秀嗎？想當年 Willson 可是連陪妳倒個垃圾都是搭配過的服裝，更不用說每次出來肯定都是亮麗登場，簡直就可以出一本小小型男的時裝書了！妳差距也太大了吧？」

聽完也是一語驚醒我夢中人！還真的是這樣耶！Tammy 的衣服不但 80% 都是朋友送的，我自己幫她添購的機率也是不高，只有偶爾出門我會稍微用心打扮一下；而兩者相較之下，Willson 的確是大魔王，完勝！哎呦，畢竟二寶媽跟只有一個孩子的世界大不相同嘛！老二也有好處啊，就是控制狂媽媽也無法把 100% 的控制慾放在她身上，哥哥無形中替她分攤很多，應該慶幸啊～嘿嘿嘿！

時間過得飛快，這樣守護著他們，不知不覺 Willson 已經 7 歲半，是個小學二年級的學生。雖然三不五時就會耍脾氣吃妹妹的醋，但我們都知道其實他超愛妹妹，就是有那種「要欺負也只有我可以，外人休想碰我妹」的概念。

我也想當我的小孩。

今年剛好搬了新家，實施講好的要訓練獨立，所以特別設計了一個完完全全屬於他的房間，一個天花板是籃球場的房間，媽媽告訴他，我把你最愛的元素都裝潢在這房間裡面了，希望你在擁有自己的空間後，能夠學習對自己負責，東西自己收好，衣服自己掛好，整潔自己顧好；習慣幾個星期後，他就完全能獨立自己睡覺自己起床了。

天花板上的彩繪籃球場是我的小巧思之一，只要躺在床

上，愛打籃球的 Willson 就可以盯著他最喜歡的籃球場，而爸
爸只要拿出紅外線指揮棒，就可以開始和兒子講戰術，既夢
幻又實用。

　　房間的另一個角落還有一間童話裡的小木屋，小木屋的
屋頂有收納功能，而我可以跟兒子在屋頂下聊天、說故事，
享受母子之間的溫馨時刻，自從妹妹出生之後，我難得可以
跟 Willson 單獨相處，這裡就是我們的祕密基地。

可能因為從小沒有一個完全屬於自己的房間，於是我把這個渴望投射在 Willson 身上；現在看著他在自己的房間裡心滿意足地玩樂、讀書、睡覺，我這當媽的，一方面覺得現在的小孩實在是太幸福了，一方面也因為太有感觸而感動到默默拭淚。

記得有一年幼稚園的母親節活動，看著 Willson 在台上和小朋友一起賣力地唱唱跳跳，努力表演苦練多時的舞蹈，心中是全然的感動。我的寶寶長大了！想到當初生他的各種艱辛，到現在這麼聰明又健康，眼淚就不爭氣地一直狂掉……接著，好像慢動作一樣，Willson 慢慢地走向我，小手抓著一朵康乃馨說：「媽媽我愛妳！」OH MY GOD～我整個哭得無法自已、淚流不止！Willson 天真地看著我，問我為什麼要哭，我說：「因為你太棒了，媽媽真的好開心、好感動，媽媽以你為榮！」

不知道大家有沒有發現，Willson 笑起來的尖下巴完全神遺傳我！這個小小的自我陶醉，應該就是有子萬事足的心情吧！

在那個感動瞬間，我想起這小子有時候看我工作很累，就會説以後要賺很多錢，讓媽媽可以天天在家裡睡覺不用出去工作！聽了，真的覺得一切辛苦都值得了。

我有信心，如果我突然大喊：「Willson救我！」，他100%會立刻放下手邊的事衝過來保護我；反倒如果是爸爸這樣大喊，結局可能會不同喔！（撥髮驕傲狀）

這些在旁人眼中微不足道的小事，卻是身為媽媽的幸福和驕傲。這大概就是我活到現在最大的成就吧！雖然總有一天要放手，但我還是希望能永遠擁你在懷裡……我的第一個寶貝Willson，你永遠是媽媽的心頭肉，媽媽永遠愛你！

轉眼間，小小寶貝幼稚園畢業了。

只要你開心，
爸爸媽媽願意帶你去全世界！

老天給我的最大考驗

話說 Willson 滿 1 歲之後，我和壯漢就順其自然地希望能懷第二胎，大家都知道，我的心願就是此生能擁有一男一女，湊成一個「好」字。本來以為已經生過一個，第二個應該也不是什麼難事，沒想到兩年過去了，肚子裡一直都沒有生命跡象，因此我也正式邁入高齡產婦行列。

去醫院檢查身體狀況，醫生告訴我，可能是因為生 Willson 的時候出血過多，子宮受到傷害，影響腦下垂體，導致排卵機制變差；也就是說，我的卵巢就像多囊性卵巢一樣，卵很多，但一個有用的都沒有！

雖然無奈，但我不認輸，急性子的我決定求助外力幫助，先從最基本的打排卵針開始，療程是一次連打 5 天，要往自己肚子扎針；為了不想每天奔波來回醫院，第一次我請護士教我，之後 4 針回家自己打！畢竟 4120 公克的 Willson 都被我自然產拚出來了，這哪難得了我！

　　5天療程打完之後，先回診照超音波看排卵情況，接下來只要適當的時間開始「做功課」就可以了！很幸運的，我第一次就成功了！看到久違的兩條線，心情真的是無法以言語形容的開心，我在心中感謝老天如此地眷顧我！

　　結果美夢只有兩天，第三天我就開始出血，而且一流就一發不可收拾，連安胎都來不及，就小產了！雖然還沒開始就結束的心情很難過，但天堂掉到地獄的感覺並沒有把我擊倒，幾個月後，我再接再厲地自己往自己肚皮扎針，只能說真的是為母則強。

　　一樣的療程，一樣的等待，一個月過去，我又成功了！這次清楚看見一個小小的胚胎在我的子宮裡待著，我小心翼翼，連感動都不敢太用力。某天一如往常的錄影，休息時間去上廁所，我又開始出血了！我一點都不敢遲疑，立刻去醫院檢查，結果這次 baby 又再次離開了我。

　　第二次小產的打擊，讓我開始責怪自己，一定是我沒有好好的保護他，一定是我沒有好好照顧自己的身體他才會抓不住我，一定是……N 種想法開始不斷地在我腦中迴盪，但卻無法改變已經發生的事實。

　　難過了幾天後，我決定要好好幫自己補一補，把身體養好了再來！又過了幾個月，我再次出現在診間，告訴醫生，這次我要直接選擇人工受孕，如果成功，我會暫停所有工作，

在家好好臥床，不希望再有任何遺憾！

第三次療程開始，打針、吃藥、吃藥、打針、植入、等待……過程超級煎熬，為了保護一個未知數，在不確定有沒有中的情況下都必須當「中了」在過生活，加上服用多種安胎藥，身體會有頭暈、想吐、嗜睡、全身無力各種疑似懷孕的副作用，我每天都在把自己當作孕婦的情況下等待那個不確定的答案，那種內心的掙扎和煎熬，真的不是旁人能體會的！

開獎時間到了，OMG！我～又～成～功～了！事不過三這說法沒發生在我身上，這次我再度看到了小小胚胎！我還記得，當醫生踏出診間後，我邊穿褲子邊痛哭，我覺得就是這次了！我的第二個寶貝真的要來臨了！

回到家，我開始臥床人生，除了上廁所和吃飯，其他時間我都讓自己安靜安穩地躺在床上休息，看電視也好，追劇也好，能不動我就不動，這樣的保護，應該不可能再發生不好的事了吧？

　　天不從人願，過幾天，我又出血了！我完全傻眼，呆坐在廁所裡腦中一片空白。到底哪裡出了錯？到底哪裡出了問題？當下我什麼都不敢想，只能趕快回床上躺好，同時希望這一切都是幻覺！過了兩小時再去上廁所，出血好像變少了，我稍微平靜一些，一直對著肚子裡的寶寶喊話，請他要乖，請他要堅強，接著我繼續躺平。

　　過了三小時，我發覺不對勁，起身想去廁所瞧瞧，結果一站起來就好像啟動了水龍頭開關，大量的血溫熱了我的下半身，我的心卻涼了！我不敢再繼續想下去，只能請老公帶我去醫院，路途中血越流越多，醫生檢查後，很沉重的告訴我，本來的胚胎已經不在子宮內了……

　　第三次，寶寶又沒了，我沉默著，再樂觀的我也無語了！

　　回程，老公緊緊牽著我的手，我望著窗外淚如雨下。我心疼那本來應該可以好好長大的小生命就這樣沒了，我自責為什麼我的身體這麼的弱，難道我的人生真的要永遠重複這個遺憾嗎？淚水模糊了我的視線，隨之而來的是血越流越多，我開始頭昏、冒冷汗、想吐，就像生完 Willson 之後失血

過多要昏倒前的感覺一樣！真的很痛苦……

回到家我趕緊上床躺好，逼自己快點睡著，伴隨著惡夢，半夢半醒間持續地流血，我躺在床上睜著眼睛發呆，轉頭看著一直陪著我的老公和我最愛的 Willson 寶寶，想到這世界上還有很多比我不幸運的人，也許我該繼續堅強下去，不該就這麼失去希望，不管老天爺為什麼要給我這樣的考驗，最起碼，我還有一個這麼聰明可愛的兒子，人生還是得繼續走下去。

我記得當時，我告訴自己：**或許，太完美的人生就沒有甜味了，我沒這麼容易被打敗！**

求子之路走得特別艱辛，但我沒有放棄希望，轉換情緒決定抱著順其自然的心態。我還記得，2017 年 6 月 19 日我們結婚七週年紀念日時，我誠心地向老天許願，希望明年的紀念日能有一對兒女相伴。

為了記錄這感人的時刻，肯定要豁出去的！

　　然後，我作了一個神奇的胎夢。夢中，我肚子很大，正準備進醫院待產，在病床上等候的同時，竟然瞬間就把孩子生出來了！還是個健壯的大眼寶寶！而且連臍帶都還沒剪掉，下一秒小寶寶就突然會走路、會講話！緊接著，我就笑著驚醒了。

　　之後的日子，我努力健身，不再把心思放在懷孕上，一切隨緣，得失心不那麼重之後，我居然自然懷孕了！這實在是太神奇了！不敢置信的我，盯著驗孕棒上出現的兩條線，我還癡呆地問護理師：「請問那淺淺的第二條線，不會只有我看得到吧？」

　　這一次，Tammy 小天使戲劇般地降臨，她選擇要來當我們家的女兒了！

　　藉此機會，我想鼓勵和我一樣求子不順的媽咪們，不要灰心，也許老天爺自有祂的安排，試著用正面和歡笑的力量過每一天，跟我一起堅信這世界始終是美好的！

（照片提供／嬰兒與母親雜誌）

艱辛又溫暖的安胎人生

　　為了給 Willson 一個手足，我終於努力湊成一個「好」！所以縱使我一路孕吐到四個半月，加上初期出血必須臥床休息，可我的心情卻一直都充滿著感激與幸福。

　　這一胎，意外地發現到原來我老公也有當背後靈的潛力！懷孕期間，他處處呵護，時時擔心，深怕我會有什麼差錯；看來，為了他的小情人，他也是努力拚高分啦！

　　卸貨倒數兩個月時的例行產檢，發現子宮頸異常變短，醫生當下立刻判定有早產的跡象和危機，我馬上被下令住院安胎，全力護守肚子裡的小妞！

　　住院第一晚並不好過，激烈的宮縮讓我痛到無法入眠，直到隔天 Willson 的童言童語，才讓我稍稍忘記疼痛。

妹妹什麼時候會出來？

大概再 2 個月吧！

 2 個月……是很久的意思嗎？

嗯，蠻久的，怎麼，你已經想見到妹妹了嗎？

 不是，但我希望她快出來，
因為這樣妳才能舒服一點……

　　每次懷孕過程都如此艱辛，回想起來真的是很崩潰！第一胎經歷催生陣痛，等 3 天才生，拚死自然產下 4120 克重的 Willson，因為子宮收縮不好，失血了將近 1200c.c.，簡直就是用我的命換來的！接下來又歷經 3 次小產，完全沒有一刻是輕鬆的！最後還被迫住院，每天照三餐吃藥、打針，點滴不離身，開始哪都不能去的安胎人生。

媽媽的子宮,是寶寶最好的家。

這一切,都是希望女兒能在肚子裡多待一天是一天,因為媽媽的子宮就是寶寶最好的溫床!所以就算難熬,我每天都不斷對她喊話,要她乖乖待著,時間到了才准出來!

每天一睜開眼睛就是吃藥,吊安胎點滴連說話都會喘,而且趁換點滴的空檔,3 天才能洗一次澡,真的會莫名懷疑

驚悚卻甘之如飴的安胎人生。

人生！好在我有萬千粉絲每天給我加油打氣，一起和我期待女兒的到來。真的很厭世的時候，就去嬰兒室看看小寶寶們，在心裡幻想女兒出生後的可愛模樣，告訴自己，我一定要努力撐下去！

幸好安胎期間，老公體貼，5 歲的 Willson 也特別懂事貼心。我記得安胎第 17 天，一早老公帶 Willson 來看我，我正準備起床，就看到一個小小的身影跑進浴室，等到我走進浴室，就看到牙刷上已經擠好牙膏，漱口杯也裝滿了水，就是為了不讓媽媽耗費一絲力氣，這小子真的好暖啊！

預產期還剩一個月，女兒可能想趕快跟我們一起過年，選擇提前出來當 2018 年的除夕水瓶寶寶。慶幸醫生當初建議我放下工作，專心住院安胎，撐過了最危險的時期，我才能再度用生命自然產下了一個 3480 克的早產健康寶寶！看到女兒的那一刻真的很感動，覺得一切的辛苦努力都好值得。不過，我果然還是擺脫不了生巨嬰的命運⋯⋯（如果足月才生，她能不超越哥哥的體重嗎！）

 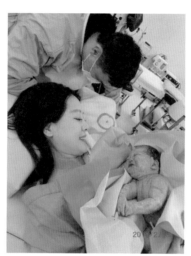 

　　臉龐滑下淚水，我抱著小小的、軟軟的女兒，那時我真正懂得什麼叫作「喜極而泣」的滋味了。

**　　我總算是完成這個不可能的任務了！**

雙子男的各種貼心

　　有一次，在陪 Willson 玩積木的時候，我自然排氣放了一個小屁，結果我的寶寶和我對看 1 秒之後，居然微笑地說：「好香！」什麼？他說香？！這真是太感人了！那一秒，我忽然覺得他以後長大真的會孝順我，畢竟上次他爸爸排氣，他立刻捏鼻子說好臭！

　　其實，雖然我的寶寶默默之間已經長成小學生的尺寸，但種種的跡象都顯示，生了這個貼心的兒子真的太值得了！

　　有一天，我們母子照慣例在睡前聊聊天，Willson 問我：「媽咪，我可以一直當小 baby 嗎？」本來以為他又在裝小，畢竟老二出生後，老大心智年齡就會變小，於是我說：「可以啊，你想演小 baby 嗎？」沒想到他一臉認真：「不是，我不想長大。」這下我也好奇了，決定問問他不想長大的原因，結果他竟然說：「因為我長大了，妳就會變老，我不要妳變老（哭腔）。」突然悲從中來也太戲劇化了吧？可愛的雙子男一秒感動摩羯老木，我感動得立馬緊抱處理，這小子嘴巴

真的很甜！

　　我接著說：「可是媽咪有一天一定會變老奶奶的。」沒料到這小子下一秒繼續灑糖：「就算是老奶奶，全世界也沒有人比妳漂亮！」說完還加碼贈送招牌迷人笑容一枚。

　　說到這，是否該奉勸一下木納的金牛老爸：「學著點啊你！」

各種母子放閃～

有紀錄有真相，來看看雙子男如何撩媽：

某日～

媽媽，妳剛跟爸爸說妳哪裡不舒服？

錄影站太久，腳快斷了！

那我幫你按摩不就好了！

謝謝寶寶！

睡前聊天時間～

這小子的強項
真的是
甜言蜜語耶！

媽咪，永遠有多久？

很久很久。

那我會永遠陪妳的。

……（只能緊擁）

複習完功課，暖心小子忽然開口～

最感人的是，
哥哥把妹妹
一起畫進去了。

媽媽我可以畫妳嗎？

當然可以啊！

左下角的1代表媽媽是我第一個最愛！

我：……（深擁不放）

依然是睡前聊天時間～

 媽咪，妳猜我最開心的事是什麼？

 不知道耶，說來聽聽！

 妳每天能平安無事地陪著我，
就是最開心幸福的事了！

 （一時傻掉說不出話）

 （撲上來）我永遠都不會離開你的！

懷孕的時候，有天我在客廳順手整理一些小盒子，結果兒子
聽到聲音立馬在房間大喊～

 媽咪妳在幹嘛？

 整理盒子啊！

 盒子掉地上嗎？

 沒關係，是我放的，等等整理完再撿就好～

 要撿什麼等等我來撿！妳不能彎腰，妳不要撿喔！

 好的，謝謝我的寶寶！

　　可能因為有這個超級小暖男，雖然懷孕的時候是冬天，但我根本不需要暖爐，有這個兒就夠了！知道我肚子大了很難彎下腰，我一起床，他不管在做什麼，一定立刻衝過來幫我穿襪子；放學下車後，他會叫我拿好自己的手機就好，其他的東西他來拿。誰能比他 Man ？我都覺得我要戀愛了！

　　其實 Willson 從小就是暖男，我還記得第三次流產之後，有一天我想抱抱他，他竟然躲開，因為擔心會傷到我肚子裡的妹妹，我才想到，原來懷孕之後我常常跟他說，媽媽現在肚子裡有妹妹，暫時不能抱他了，他都有聽進去，我安慰他說：「沒關係了，妹妹比較調皮，跑到別的地方玩了！」Willson 聽了立刻紅了眼眶對著我的肚子說：「妹妹不要走，

我會陪妳玩。」童言童語讓我瞬間淚崩，但也因為兒子的懂事，我告訴自己，我必須更堅強。

話說某天，我的臉不小心被水噴到，順手拿起一張衛生紙擦了擦，繼續陪 Willson 玩，但他忽然看著我說：「媽咪別動，妳眼睛閉起來！」接著就非常溫柔地幫我把黏在臉上的衛生紙輕輕撥掉，然後說：「好了，可以張開了，髒東西幫妳趕走了！」當時我心中馬上冒出韓劇片段，立刻切換成愛心眼模式，天啊，我兒真的 Man 慘了！

我好像已經可以想像未來他有多會把妹，愛上他的女孩兒請多保重啊……

入侵者與威脅者

　　為娘的我深信好習慣是可以從小養成的，男生從小就要學會為自己的行為負責，長大後才會懂得如何為人生負責。所以從 Willson 上小學之後，我就開始訓練他放學回家開始要洗自己的便當盒，我認為，那是一件可以讓他了解什麼叫做「屬於你的事」的開端。可能有些粉絲還記得，我曾經在臉書粉絲團分享過一張照片，Willson 持續洗自己的便當盒第五天的認真模樣，同時妹妹也持續不間斷在後面環抱哥哥大腿

陪他完成！整張照片就是一個大愛的氛圍，負責洗自己便當
的任務至今不曾間斷，實在令為娘的我深感欣慰。

我們家的妹妹超愛哥哥的，每次看著妹妹看哥哥那崇拜
的眼神，主動討牽手討抱抱的模樣，讓我都好生羨慕；但是，
哥哥愛不愛妹妹呢？

我記得還在坐月子的時候，Willson 陪爸爸來月子中心，
當時正在擠奶的我引起他高度的好奇！其中一瓶量比較多，
另一瓶比較少，於是我忍不住想問他……

 寶寶你要不要喝一點？

 好啊～

 那你要喝哪一瓶？

 這瓶比較少的給我，多的給妹妹，她比較需要。

 （內心感動不已，澎湃激昂）
好羨慕妹妹有一個那麼貼心的哥哥喔！

 （帥氣地一口乾掉）今天有水果味！

 這麼神奇？

其實 Willson 各方面都挺早熟的，加上又是玻璃心一族，一開始他無法了解為什麼媽媽有了妹妹之後，既不能陪他玩，又那麼久不回家，甚至有段時間對於旁人熱情地提起妹妹，他一概都是冷處理。這樣的不安和不平衡，我當然感受得到，這時媽媽的智慧就要趕快發揮了！

首先，對於老大的不平衡，我選擇用愛來開導，而第一步，就是不能讓 Willson 覺得「媽媽被妹妹搶走了」！他喜歡當第一，我就告訴他：「就算有了妹妹，你永遠還是媽咪的第一個寶寶！」；他不喜歡大家對於新生兒的興奮感，一直妹妹長妹妹短的，我就告訴他：「其實大家都很羨慕妹妹有你這麼好的哥哥保護著她！」；他不喜歡大家一直叫他看妹妹的照片，他每次來坐月子中心看我的時候我都跟他自拍，然後告訴他我每天都在這邊一直看我們的合照想他；他覺得我在坐月子中心住了好久，我就告訴他本來預計要回家的日期，但是我決定提早回家，因為我和妹妹實在太想念他和爸爸了！

坐月子期間，我每天都用他的語言、他能接受的方式，讓他知道雖然妹妹出生了，大家都愛妹妹，但他還是最被需要的，給他很大的存在感，並且讓他知道，他和妹妹都是媽

咪辛苦生下來的孩子，我對他們的愛永遠都不會改變，哥哥和妹妹一樣寶貝，缺一不可！

滿滿的愛很重要，也慶幸 Willson 從小就是一個體貼媽咪的孩子，經過我的「迷湯」式教育，他漸漸能夠理解和消化「我有妹妹了」的事實，本來有點失落、吃醋的情緒，在溝通清楚後，也漸漸表現出懂事、成熟的一面。

離開坐月子中心後，某一天我正在陪 Willson 睡覺，突然傳來妹妹的哭聲，半夢半醒的 Willson 聽到竟然說：「妳先去顧妹妹，妹妹還小，比較需要妳。」雖然才 6 歲，口氣卻有夠 Man 的，真不愧是我的小暖男啊！

對他來說，真的也是不容易，畢竟當了 6 年爸媽唯一的寶貝，幸福的小世界卻突然來了一個叫「妹妹」的入侵者，當然很不好受。但漸漸地，我感覺到他已經不再排斥也準備好要當個好哥哥了，我樂觀地期待未來哥哥和妹妹一起成長的美好畫面。

可是，時間一天一天過去，小孩一天一天長大，我開始

懷疑我是不是太樂觀了？因為 6 歲的孩子再怎麼成熟，終究還是孩子，現實生活中，更是不可能永遠都調成懂事的頻率，他也有情緒，也有地盤，加上妹妹也不是省油的燈，這時我才深深感受到，原來家有二寶一點也不夢幻！

對哥哥來說，妹妹是世界裡突然出現的入侵者，所以難免會有排斥和吃醋的心態；對妹妹來說，哥哥是世界裡原本就存在的威脅者，是一個會瓜分她所有東西的龐然大物，雖然她愛哥哥，但骨子裡也不是好惹的！

比起 Willson 的貼心懂事，Tammy 完全是一個鬼靈精怪的戲精，她現在還不到兩歲，只要聽到大人說「不可以這樣喔」，無論是再怎麼 peace 的語氣，她立刻就可以掉淚，讓人對她完全沒有辦法！

重點是，妹妹也沒有在怕哥哥的！哥哥比她大那麼多，兩個人搶玩具時，她絕對是拉著玩具不放手，還不會講話就用尖叫的，叫到哥哥放棄或是大人出來主持公道為止，完全沒有要示弱。這點哥哥和妹妹就不同了，同樣是當下在捍衛玩具，Willson 小時候是無助撒野型的，他會先哭再說，但 Tammy 是

捍衛領域型的，可能因為從小環境裡就有一個天敵，所以比較強悍，她只知道她絕不放手！本來老二就比較會求生存，加上她是老二又是老么，又有爸爸可以撐腰，所以我覺得妹妹道行比哥哥高太多，不知道未來會不會讓我更頭痛？

最厲害的是老二真的很會察言觀色又超級貼心，她那麼小就知道哥哥在傷心時，要過去抱抱哥哥、呼呼哥哥；但是哥哥搗蛋或是要被教訓的時候，不管她正在幹嘛，都會立刻默默走掉，遠離案發現場，以策安全，等到一切風平浪靜，又飄出來自己在旁邊玩，根本高手中的高手！

不過縱使妹妹小小年紀如此的強悍，當哥哥需要她時，小小鬼靈精可是使命必達！

現在，Willson 只要一進浴室洗澡，妹妹會立刻衝進房間拿好哥哥的睡衣，很急迫地大步衝進浴室遞給哥哥！而哥哥也是沒有在不好意思，每天一到了洗澡時間就大叫：「妹妹，幫哥哥拿衣服！」妹妹就會咚咚咚地完成她的任務。我都在旁邊冷眼說：「你看妹妹對你有多好，你還好意思欺負她！」小屁孩嘴角偷笑但還是逞強地說：「拜託，她也很愛幫我拿好不好！」

希望你們能永遠地相親相愛。

　　一個還不到兩歲的孩子，每天在我回到家時她會主動幫我拿拖鞋，跟著我進臥室幫我拿家居服讓我換上；很多東西她完全清楚在什麼位置，服務之周全，很難相信她還是一個幼兒耶！我爸每次都說以後這個會更難教，理解力過強，會看臉色、會陪哭甚至還陪笑，重點霹靂會撒嬌，根本是求生存翹楚嘛！

　　生了兩個史上最難搞星座的小孩，「雙子 vs 水瓶」，未來我的日子應該會充滿著諜對諜的挑戰，想必是精彩萬分。

聰明雙子的生存之道

　　Willson 從小就嘴甜，而且無師自通，常常說出讓大人也驚訝的「撩妹台詞」。有一天早上我們一起吃早餐，通常為了誘導孩子把食物都吃下去，我真的是苦口婆心找遍各種台詞只為了盯他把食物都吃光！某日我說：「寶寶，這個肉跟蛋是最重要的，一定要吃光光，因為它們會是你一天的活力來源。」

　　他秒回：「那我活力來源有三個！」我心想不就是蛋跟肉，哪裡有第三個？結果下一秒他馬上用「撩妹眼神」對著我說：「還有一個是妳……」

　　這小子一大早六點半是在調什麼情！媽媽我雖然徹底被撩到，也只能故作鎮定，催他快點把活力來源吃完，但心中無限讚嘆：雙子男果然厲害！

　　Willson 不僅從小就很會對我說甜言蜜語，對有好感的女生也很主動，在唸幼稚園時就已經會問喜歡的女生：「想看

2016/12/3

我打籃球嗎？」企圖在對方面前展現自己的專長，與生俱來的撩妹天賦也是讓我這個媽挫咧等，我可不想當肖年嬤啊！

　　另外，雙子男口條之好也是常常令人瞠目結舌，連我都反應不過來。某天早上送 Willson 上課途中，他突然說：「媽咪，其實妳是個幸運的人～」我一邊開車一邊回答：「喔？什麼意思？」他立刻接：「因為妳生了我這個兒子啊！」呃，這小子到底哪來這天外一筆？向來自認反應很快的我，除了傻笑一時還真不知該怎麼接。

在此獻上幾則《阿森經典語錄》精選集：

某日送 Willson 上學時～

寶寶，你等等自己背書包走進去教室好嗎？

（搖頭）不要！

一小段路不用我也沒關係啦！

要！

為什麼？

（淚光閃閃＋堅定眼神）因為我愛妳！

好吧我知道了……

（媽媽當場就弱掉，立刻乖乖陪走進教室。）

這小子怎麼會那麼知道怎麼治我！

某日早上換好衣服準備去上學～

 哈哈～
不愧我兒子！

哪來的小寶寶那麼可愛？

妳生的啊！

好說好說～

某日早上在車上閒聊～

 寶寶，你們班同學 xxx 有請假嗎？

 有啊，他請客～

 蛤？請客跟請假不一樣喔！講錯會很好笑喔～

 那妳覺得好笑嗎？

 好笑啊！

 我是故意講錯的！

太成功了！
媽媽整個
心花怒放～

 幹嘛故意？

 因為我想要逗妳開心啊！

某天我親了他臉頰一下，接著我看到他默默用手擦掉……

 我好傷心喔！你擦掉媽咪的親親！

（不疾不徐）不是，在臉上會掉耶，
我是要擦下來把親親保護在手上啦！

（震驚 ing）……

（緊握雙手護在胸前）妳以為我要擦掉喔？沒有喔！

明明就是嫌棄我的口水還能轉得那麼快！
我只能說，撩妹功力的養成，絕對是從小由撩母開始！

第一次的韓國滑雪初體驗。

很多人問我，Willson 反應快又能言善道到底像誰？爸爸如此木訥寡言、害羞內向，所以沒什麼意外應該是像我，畢竟媽媽的反應快又幽默這件事也不是新聞了嘛，哈哈哈～

有對話有真相之嚴哥無法好好聊天之每日一笑

 其實我很後悔當初沒把英文學好！

你確定你沒學好的只有英文？

 ……

 媽媽妳是哪時候開始學英文的？

沒有你那麼幸福從幼稚園開始，
我大概小學三年級吧！

 那爸爸什麼時候開始的？（轉頭看爸爸）

他還沒開始！（憋笑）

 ……

Tammy 講話好像比較慢吼？

還好吧？天才一般都是很晚才會想說話的。

是嗎？

想必你六個月就會講話了吧？

……

只能說自作孽啊，生了一個這麼會回話的兒子！不過小時候童言童語回話是很可愛很療癒，但到了現在小學生階段，甜言蜜語越來越少，取而代之的是強辯、爭論、頂嘴……要不是 EQ 夠高，理智線早就斷了不知道幾百回了！

記得有一次我讓 Willson 整理自己的房間，結果他不但不願意，還問為什麼妹妹可以不用整理她的房間？我耐著性子解釋：

妹妹才 1 歲多她還很小根本不會整理嘛～
可是我也沒有很大，我才 7 歲。

你長大了比妹妹厲害啊！
等她差不多 3 歲之後我會開始教她整理。

那她還有 2 年可以不用整理！
那麼久！那我要等她會整理再一起做才公平！

（理智線已快斷）這個家是大家一起的，
自己要維護自己的區域啊！

那我的區域我不想整理不行嗎？

那這個房子是我買的我不想讓你住可不可以？

（氣呼呼的去拿吸塵器 ......）

　　事後我覺得自己實在太沒智慧了，幹嘛跟一個 7 歲小孩
動氣！只好找一些比如《小孩頂嘴才聰明，因為腦子動得快》
之類的文章來安慰自己。Willson 語言能力發達，加上反應快，
雖然常被他的頂嘴氣到最後只能以「少囉唆」來結束話題，

但有時真的不小心就會被他說服，因為他講話偶爾還真蠻有道理的。

於是，雙子兒與魔羯媽的過招，正、式、開、始！

嚴式教育

沒有人天生就會當父母，
每個媽媽的年資都和小孩的年紀一樣而已

因為愛你，所以更要教好你

　　堅強的小燈泡媽媽說過，教育要從原生家庭開始，而不是倚賴老師或學校；我認為，當你準備要當父母時，就應該要確認你是否已經有足夠的智慧把自己的孩子教好？你是否有資格孕育未來的主人翁，確保每個充滿可能性的小小主人翁都能健全成長？能對自己、對這個社會、甚至是對這個世界負責任？

　　我相信身教是最有效的教育，我期許自己能成為孩子的好榜樣，我也相信「愛」是家庭教育的根本。嚴凱泰先生生前有一番話讓我印象深刻，他說：「我對我的孩子零期待。」當了父母後，我才明白這句話的真正涵意。

　　父母其實從不在乎孩子能不能成為什麼，只要他能健康平安地成長，在人生的道路上無愧於心，正直且堂堂正正地活著就足夠；雖然「零期待」，但父母還是必須堅守著很多重要的崗位，孩子才能無畏地活出一條屬於他人生的路。我希望在我的輔助下，未來他能擁有屬於自己的選擇權，而不

是讓別人來選擇他的人生。

　　我很愛機會教育，走在路上，我不會放過任何一個可以藉機告知正確觀念的機會。我常和 Willson 說，路邊的流浪漢也許彈了一手好琴，某個擺攤販的年輕人可能是為了賺取自己的學費而選擇辛苦地工作，資源回收的老婆婆或許是為了養她在家中無法照料自己的老伴，我們永遠不要看不起任何人，也不要因為外表而評斷別人的內在，更不要當個膚淺的人。關於教養，除了不斷在學習，我也努力從各種經歷中告誡我的孩子。

　　我也是一個喜歡講故事的媽媽，畢竟我也知道，孩子寧願聽故事也不願聽你說教。雖然 Willson 從小都在雙語的學校裡學習，但到了某個時期我發現他開始「刻意不在外人面前講英文」，也許是疲乏，也或許是小叛逆，覺得我不是不會、但我就是不想說！我擔心他是不是信心受到了小打擊？於是我就說了這個故事給他聽：

　　有一天，6 歲的小凱和兩個同學遇到了一個外國人向他們問路，三個人你看看我、我看看你，都不敢有什麼反應；後來小凱鼓起勇氣回答外國人：「You can turn right and then you will see that building」。當時他只是覺得外國人迷路很可憐，剛好他真的知道在哪，所以幫助了他。其實小凱在班上英文可能不是每次都考 100 分，但他卻能學以致用在生活中幫助了一個陌生人！在這件事之後，他的同學都把小凱當英雄，從此他就變成同學裡面的「勇氣王」。本來沒什麼信心的小凱開始變得越來越有自信，鼓勵自己多開口說英文，長大之後還成為英文老師呢！

　　Willson 聽完之後馬上問：「真的喔？他之後就有信心了？」我立刻藉此機會教育一番：「是啊！這就像你在學校打籃球一樣，為什麼大家都把球傳給你？因為同學們覺得你投進的機率一定比他們高，而你果然也都不負眾望啊！你在籃球場上的自信就像小凱一樣，或許不是最最最強的，但絕對相信自己做得到！如果你願意把面對運動的勇氣用在其他地方，媽媽相信無論你未來做什麼事情，成功都不會離你太遠的。」

是的，我就是這麼愛講故事講道理。從 Willson 上幼稚園開始，接送他上下課的時間就是我們最好的親子對話時光；我認為，和孩子講話不能只是單方面，這樣根本無法發揮互動的精神！所以我喜歡玩 Q&A 的遊戲，比如我會問：「今天在學校有發生什麼有趣的事情嗎？可以說給媽咪聽嗎？」，孩子絕對會以他會的詞彙配合思考回答你的問題，但如果我是問：「今天在學校有沒有乖？」請問有哪個小孩會回答「我沒有乖」？頂多就是回答「有」而已，父母千萬別當句點王啊！

聽孩子說話還有一個重點，就是大人不是權威，孩子的話有時候其實是很有道理的。我曾經看過一個報導，大人為什麼會用權威壓制孩子，是因為他的回答出乎你的想像，因為你覺得他以下犯上；如果能以同理的心態來看待，就不會有上或下，所以有時候我規定的事情，比如吃飯不要喝水對胃不好，Willson 會有自己的理由，可能是太鹹所以他才忍不住喝了一口，這種時候我就不會想成他是在頂嘴，而會試著同理他。

又比如之前唸幼稚園大班有玩具分享日，我記得老師有

說一人帶一樣就好，但那天他就吵著要帶兩種去；當下我問他：兩個不會太多嗎？如果大家都只帶一個呢？沒想到他回答：「兩個不多，二十個才叫多！假如大家都只帶一個去，我會把另外一個放書包。」我心想：嗯，其實也沒什麼大不了，他有他自己的道理我就不制止了，我不想以制式的思維去遏制他的思考。如果帶到學校真的不被允許，老師也會處理，又何必我硬要扮黑臉？我告訴他：「只要你的行為不會傷害別人也不傷害自己，媽媽沒道理不答應你。」

我相信，各退一步海闊天空，很多時候親子都要一起學習，只要尊重和理解，孩子是可以溝通的。教育並不是只有一條路，千萬不要因為權威心態或預想情境，而失去一段可以良好互動的親子關係。

我們不用做最好的家長，只需成為最懂孩子的父母。教育本來就是一場父母的自我修行，懷著謙卑的心，與孩子一起成長，這對我來說，就是最大的幸福了。

全家人的幸福時光。

雙子兒與摩羯媽的過招

　　很久以前就聽說，當小孩開始會說「不要」之後，就不可愛了！總之，反抗真的很逼人，我也常常被孩子的叛逆激怒，但是冷靜下來之後，我告訴自己，我道行一定要比他高，正所謂道高一尺、魔高一丈，我一定要展現媽媽的智慧。

　　而這個智慧，近期的代表作是帶一個 7 歲屁孩去做美甲！

　　事情是這樣的：不知從何時開始，Willson 開始有了愛咬指甲的壞習慣；可能有些人會說：那應該是因為他內心層面沒安全感或是什麼地方沒被滿足所以會有這樣的行為……我猜想也許是因為妹妹出生讓他還不太習慣，但我一時也無法思考那麼多，因為手指頭已經恐怖到每次洗完澡指肉都會因為泡水而爛爛的看起來真的很驚悚！我實在看不下去，基於講也講不聽、處罰也沒用的情況下，只好急中生智，直接帶他去做美甲！我的想法是，利用光療指甲一層厚厚的硬膠讓他無法再咬，順便保護起來！除了耐心等待指甲重新長出來以外，更希望他能藉此戒掉這個超級壞習慣。

一段時間後，Willson 因為光療很硬無法咬的關係也就漸漸忘了要咬手這件事，約莫兩個月後，這次的代表作也算是大成功！好多粉絲都私信我說他們仿效我的方法後，也讓小孩戒咬手成功，這真的不得不默默地佩服我自己一番～哈哈。

年輕時，遇到朋友的小孩，一開始都覺得好天真好可愛，但看到他們開始跟父母頂嘴，無理取鬧什麼都說不要的時候，我在旁邊都超想握拳！當時的 OS 是：還不巴下去在等什麼？超欠揍耶！接著忍不住又想說以後如果我的小孩也這樣該怎麼辦啊？

呵，原來不是只有那對朋友的小孩才這樣，是全世界的小孩都一樣！！！

遇到孩子瘋狂說不的時候，記得，絕對不能讓你的情緒隨他起舞！我還記得第三次小產後積極調養身體那段時間，

我把重心放在 Willson 的教養上，那時候他大概 4 歲左右，那陣子他最愛說的話就是「我不要！」「我不想！」「我全部都不喜歡！」，每次當我理智線快斷時，我都會掐自己大腿或是深呼吸，拚命告訴自己絕對要冷靜。

因為這年紀的孩子不講理，爸媽如果硬碰硬或是大發脾氣責罵，孩子一定會有樣學樣，久了反而會陷入一種惡性循環。我是一個很相信以身作則的人，我相信要教孩子不能只有兇這一條路。

所以如果他一直說不要，完全無法溝通時，我會拿出我這輩子累積的 EQ 以及耐心，讓兩個人分開一陣子不要互動，等到他自己發現氣氛好像不太對，也發覺「媽媽怎麼不理我了？」這時再來動之以情曉之以理，孩子情緒平穩下來後，我才會慢慢告訴他他是哪裡做錯了。

也因為 Willson 耍脾氣時我不能跟他同一個頻率，都要警惕自己冷靜處理，讓他接收到該有的情緒，無形中我也練就了對孩子講話溫柔但內心大翻白眼的日常，所以說 EQ 真的是可以練的，媽媽絕對是這個世界上最偉大的生物！

前面提過，我深深相信洗腦式教育是最能夠潛移默化的；加上我是一個「講一遍不聽沒關係，我可以講一輩子」的摩羯座媽媽，雖然有時候講到自己都覺得很煩、小孩也疑似在放空的地步，但我還是可以講，繼續講，一直講！

只是，雙子兒是不可能有耐心聽我講那麼久的，因此這種時候，媽媽就得擁有無數個大絕招來對付他了。

身為兩個孩子的媽，對於小孩的教育，我認為「公平」、「溝通」非常重要。Willson 其實非常早熟，我想這可能是因為我的講話方式，不管是溝通還是講道理，從小就把他當作大人對待，加上他又聰明，常常語出驚人，很有自己的思考邏輯，所以我從來不會因為（或認為）他不懂，就用大人的權威下命令，反而覺得該用講理的方式，讓他能夠接受。

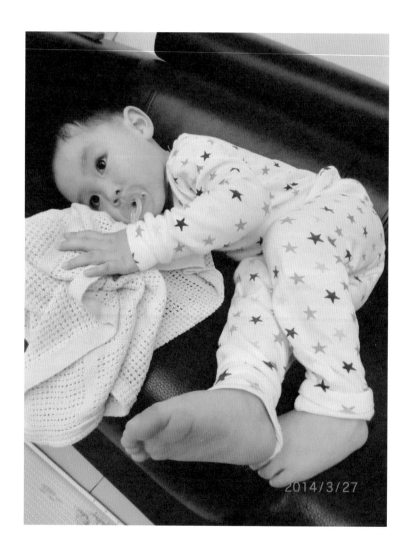

遇到這種時候你會怎麼做？

為什麼妹妹可以吃奶嘴，我不行？

……（內心 800 個白眼但仍提醒自己要公平，
面帶微笑立刻拿一個給他）

那我可以吃它睡覺嗎？

我：你忙你的……

公平！公平！公平！很重要所以提醒自己三次。

說真的，在妹妹出生之前，嘴甜又長得可愛的 Willson 是我唯一的寶貝，這個大家都知道，當然他自己也知道。然而妹妹出生之後，我的注意力難免轉移在妹妹身上，Willson 會有失寵的感覺也是難免的，因此三不五時用胡鬧來吸引我們注意，老實說我也不忍責怪。

這可能是很多父母親的盲點，覺得妹妹比較小，當然會花比較多的心力在她身上，你是大小孩了，應該要體諒爸媽，甚至要當爸媽的小幫手才對！但在孩子心裡可能只有「為什麼」甚至「憑什麼」這樣的內心話。

　　有一天我突然驚覺，我好像很久沒有親一親和抱一抱 Willson 了！因為 Tammy 出生加上 Willson 已經是小學生了，每天一打二又要盯他的功課，讓我真的有點疏忽了這個我堅持的好習慣，於是某天我就忽然把他抱起來坐我腿上，親熱的說：「寶寶你過來，媽媽很久沒有抱抱你了耶！」結果他竟然有一點彆扭，而且身體很僵硬地坐在我身上，那一刻我才驚覺孩子可能瞬間就會大到離開妳的懷抱（對，我就是表面冷靜但內心戲很多的媽媽），當下心裡其實有點難過很捨不得，我默默地在心裡發誓，絕不讓這種感覺再發生！

　　那陣子，我常常會提醒他：**你永遠是我「第一個寶貝」，不要忘了喔！**不誇張，這樣一說完，接下來好幾天他都會乖巧的不得了！

　　其實，孩子愛我們的程度，比我們想像的都還要多很多。和寵物一樣，在他們小小的世界裡，我們就是他們的全部和一切，所以當你勇於表現親密、表現愛意，他們就會用 10 倍甚至 100 倍的愛來回應你。

　　這些都是親子之間互相磨合的過程，畢竟對我和 Willson 來說都是第一次，他第一次當哥哥，我也是第一次當一個母

親。上一代的父母，就只有大的讓小的這條路！我小時候還不懂，也是真心覺得「到底為什麼？」因此我現在的處理方式就是先以哥哥為主，因為妹妹還不懂，我必須先顧及懂的那個人，等到妹妹長大了開始可以溝通了，我們再來講道理。可我還是會告訴哥哥，你要學習愛護妹妹，禮讓妹妹，因為你這樣對她，她以後也會一樣這麼對你。

可能因為我這樣的態度，他對妹妹漸漸有比較卸下心防，以前他玩玩具時，只要妹妹走過去，如果大人不在現場，他真的是下意識就把她推開，如果旁邊有大人，他就會不耐煩：「吼唷！很煩耶走開啦！」但現在，不管有沒有大人在，他都會心平氣和地說：「媽媽，惡魔來了喔，請妳快點來幫我抱走她！」

這就是我們彼此的進化，雖然也許有更好的方法，但我覺得教哥哥和妹妹相親相愛這件事是不能勉強的，雖然我自己很開心能湊成一個「好」字，但還是要尊重當事者，尤其兩個年紀相差 6 歲，如果要他們從一開始就和平地玩在一起，也真的是太天真了。

在教養這條路上，越挫越勇的摩羯媽媽會繼續堅忍地往下走，絕不放棄（握拳）……

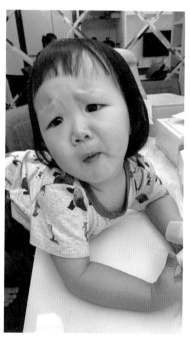

鬼靈精怪的程度完全不輸哥哥。

爸爸永遠是兄妹倆的偶像。

拒用 3C 保母

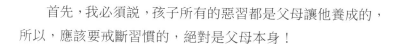

　　首先，我必須說，孩子所有的惡習都是父母讓他養成的，所以，應該要戒斷習慣的，絕對是父母本身！

　　有一陣子，因為 Willson 沒有耐心好好吃飯，加上我有一個豬隊友老公，深怕孩子餓著會長不大，覺得小孩只要有吃飯比什麼都重要！因此只要在外面吃飯，為了安撫 Willson 的情緒，有時會選擇拿出平板讓他邊看邊吃，目的是順利完成吃飯這件事。

　　其實我還滿不喜歡這樣的，一來常看平板對眼睛不好，二來孩子不會 enjoy 吃飯這件事。尤其眼睛專心盯著平板，會失去很多親子互動的機會，也無法體會食物真正的美味。

　　心裡一直很掙扎的同時，我發現身邊有個姐妹，她的小孩情緒都很穩定，親子關係超融洽，因為他們的世界裡沒有平板也沒有手機，這時我開始反省自己，大人不能因為想要省事或是安撫小孩，就用 3C 當保母，讓小孩養成壞習慣！

於是某天我終於下定決心，空出很多時間來陪伴 Willson，讓他慢慢知道，除了平板和手機之外，這個世界還是很美好的！

我先帶著 Willson 跟姐妹的孩子一起共遊、共食，藉由頻繁的接觸，讓小孩影響小孩，一起做一些屬於他們這年紀的娛樂，比如美勞、黏土甚至玩玩具，就是不要養成空下來就想要看平板、無聊就想要玩手機的習慣。

其實，在家無聊的時候，可以創造的樂趣很多，比如我們有個賓果數字箱，是把色紙撕成 4 小張，我會請 Willson 幫忙寫上 1 ～ 100 的數字，再對摺起來，投進箱子，這樣下次玩賓果的時候，就可以用了。小孩都喜歡自己被需要、被賦予任務，只要大人願意陪伴，他們就會知道，無聊的時候有很多事情可以做，3C 絕對是下下策！

有一陣子因為 Willson 喜歡寶可夢，我就買了一些寶麗龍球，和他一起畫很多神奇寶貝，做寶貝球，一邊訓練手部小肌肉的發展，也培養畫畫的能力；或是我會買一些習作本，像是畫了 4 顆籃球和 3 顆足球，問你加起來有幾顆球那種，Willson 很喜歡數學，做這種益智遊戲他會很有興趣，也很有成就感。

這些不看手機的時間一點一滴累積起來，無形中也學到很多，這都是你們的親子互動時光或孩子成長發展的練習，從中可以更了解孩子對什麼最感興趣，而這些都是把時間浪費在平板或電視上絕對學不到的事情。

孩子果然是需要也可以被調教的，開始執行不讓 Willson 被 3C 霸佔之後，才一個禮拜，他真的慢慢忘記平板和手機，也沒有再跟我要過。我甚至還教育他，我們要一起跟爸爸說不要玩手機遊戲，不然頭腦會變笨！結果他真的有銘記在心，後來只要看到路上的低頭族或吃飯有人在滑手機，他就會小聲地問：「媽咪，他們這樣是不是會變笨？」

這就是成功的洗腦，現在到外面吃飯，我都會讓 Willson

自己畫畫或者寫字，只有假日有 20 分鐘的時間可以玩平板，或是給他們看一些喜歡的卡通，但非必要時我可是絕不妥協！

為了拒絕 3C 保母，重視親子互動，除非是在回覆工作，我自己在孩子面前也會盡量少用手機，因為父母還是要以身作則，才有說服力！幸好那陣子老公的表現算是不錯，真的想玩手機遊戲的時候，會自己躲起來或是等到 Willson 睡著再玩，也是要給他一點掌聲啦！

大人只要堅定，讓孩子知道人生中還有其他樂趣，3C 等以後有需要時再用，孩子自然就不會對 3C 上癮。

希望這情景能一直保持～哈哈！

香港迪士尼 DIY 親子時光。

這專注的神情真的很帥吧！

計時器訓練法

生了兩個孩子，兄妹根本是天壤之別：一個厭食，一個貪食；一個什麼都「還要！還要吃！」；一個什麼都「不要！不要吃！」，我這當媽的容易嗎……（眼神死）

根本就是想要逼瘋我啊！所以有一段時間，針對訓練哥哥「把飯吃完」這件事，就成為我人生中的一大目標！

可能因為我們工作都很忙碌，所以從小我們就希望Willson可以快點把飯吃完，尤其是老公，男人帶小孩就是深怕他餓著，加上只求輕鬆完成任務，為了省事就會用餵的。

我個人是非常不樂見瘋狂餵飯這件事（雖然我爸說他疑似餵我餵到小學還追著我跑……），但這種事不可能會遺傳的！不可能！

Willson小班升中班的時候，有一天，老師跟我說，他在學校吃飯非常乖，都是第一名吃完的，而且還會主動把餐具

都擦乾淨；這⋯⋯他是不是欠扁啊？！明明在學校表現這麼好，在家裡卻一副愛吃不吃的樣子，是要多挑戰我極限！

於是，我就下定決心一定要訓練好「自己吃飯」這件事！因為，這本來就是一件自己該做好的事情。

我去買了一個計時器（可以倒數的那種），吃飯時間一到，幫 Willson 盛好飯之後，就設定好 30 分鐘，等他舀起第一口開始吃，就按下 Start 鍵，時間開始倒數，30 分鐘內要吃完。

一開始看到它開始在倒數，Willson 根本一點都不在乎，直到最後 10 分鐘，我就跟他說：「媽咪提醒你喔，時間快到了！」

但 Willson 還是對時間無感，終於，時間到了，計時器開始嗶嗶嗶，我就開始曉以大義：「事情是這樣子的，媽咪買

這個 Timer 給你，不是讓你覺得它很好玩，是等到它嗶嗶嗶的那一刻代表時間到了，今天只是先練習，下次嗶嗶嗶的時候，無論你吃完了沒、剩下多少或還餓不餓，我都會把飯收走。」

再次重申遊戲規則，也再給他一次機會，其實，只要有專心吃飯，30 分鐘的時間很夠了，我沒有要他跟時間比賽，只是希望他認真看待吃飯這件事。

好了，隔天吃飯，嗶嗶嗶的時間到了，但 Willson 那碗飯還剩下一半以上，我真的把飯收走，不止如此，接下來整個晚上，除了喝水，什麼東西他都不許吃！

他一開始還有點不太相信，但老娘真的沒有在開玩笑，當我端出水果，他也想要吃的時候，我就說：「No No～你忘了剛才嗶嗶嗶收走之後，接下來你什麼都不能吃嗎？水果不能吃、餅乾不能吃、小朋友的零食不能吃，媽媽說過了『我沒有在開玩笑！』」

那一晚就這樣過了，睡覺前 Willson 跟我喊餓，我搖搖頭

跟他說：「那也只能餓了。」

　　這一刻，我告訴自己絕對不能心軟，小孩餓個一兩頓真的不會怎樣，我堅持「**小孩訓練好，人生更美好**」！

　　第三天，放學的時候，老師還是説 Willson 在學校表現很好；回到家，吃飯時間到了，Timer 又出場了！我請 Willson 自己按 30 分鐘，一樣是開始吃的時候按 Start 鍵，一開始他還是這邊分心一下、那邊摸一下，自以為時間都不會到，倒數 15 分鐘的時候，我提醒他：「寶寶，時間快到了喔！媽咪提醒你，請專心。」

　　我不會兇他說：「時間快到了！你快點給我吃完！」沒必要，很多媽媽都是因為沒有方法，走投無路到最後不兇也不行，結果讓自己變成潑婦！吃飯本來就是自己的事情，我只需要善盡提醒之責，要不要吃是他自己的事，時間到了我就是收走！

　　這時，Willson 想起昨天晚上餓肚子，開始覺得媽媽好像是玩真的，在我提醒他之後，終於比較積極地開始吃飯，很

快就吃掉了半碗;最後 3 分鐘的時候,大概還剩下 5 口,我判斷他是絕對吃不完的,但我還是很溫柔的說:「最後 3 分鐘了,還有 5 口飯喔!媽咪再提醒你最後一次。」

於是他就盯著 Timer,一口一口有節奏地吃著(我有再提醒他不能狼吞虎嚥,對小朋友的腸胃不好),等最後一口進嘴巴,剛好嗶嗶嗶,那一刻我們母子對看一眼,我跟他說:「恭喜你過關了!等一下可以吃水果了!」

帶著一種挑戰成功快感,他很開心地端著空碗跳去廚房,把碗放在水槽裡。而從那一刻開始,我就成功了!

當然,以後的每一天,他還是有可能會忘記只有 30 分鐘的吃飯節奏,但大人只要在旁邊提醒就好,重點是一定要堅持下去,讓小孩知道:「你、媽、我、沒、有、在、跟、你、開、玩、笑!」

這樣子,妳才會成功。

欠揍的小孩。

從 4 歲開始自己洗澡

　　看著好姐妹的小孩都很獨立，自己的事情都能自己完成，內心真的很羨慕，雖然他們的年紀比 Willson 稍大一點，但我覺得以 Willson 的聰明才智和肌肉的發展，訓練起來應該不難，於是 4 歲的某一天，我決定訓練 Willson 自己洗澡。

　　首先，安全還是第一要注意的，所以媽媽一定要在一旁陪著；接著，要練習自己洗澡，先是要不怕水，這時媽媽的心態不能是「哎呀，這沒有什麼好怕的啦」，記得，不要用大人的思維對待孩子，因為大人再怎麼說沒有什麼好怕的，孩子還是怕啊！於是，我就拿蓮蓬頭沖自己給他看！

　　一邊拿蓮蓬頭沖自己的臉，我還一邊說：「好舒服、好好玩喔，只要眼睛閉起來什麼都不怕，我跟你說，機器人、蜘蛛人、鋼鐵人都是這樣站著洗澡的，敢這樣洗澡才是英雄！」

　　看他好像有點相信了，我繼續鼓勵：「就像游泳，你也

是這樣下水，起來的時候水也是會從頭頂滴下來，一點也不可怕對不對？」

　　心理建設完成，我們成功踏出第一步，Willson 接受了我用蓮蓬頭直接幫他淋浴，水流下來的時候就把眼睛閉緊，不會因為害怕就鬼吼鬼叫。

　　慢慢訓練幾天，直到他覺得自己已經是英雄，接下來我開始教他沐浴乳要怎麼擠、全身要怎麼均勻抹到、頭髮要怎麼沖才乾淨、男生的重要部位怎麼洗，最後再確認全身都有沖乾淨了，我開始放手讓他自己來，接下來每天都在旁邊「陪」他洗澡，等到他上手了，訓練也就完成了！

從小 Willson 就是個超好動調皮的孩子。

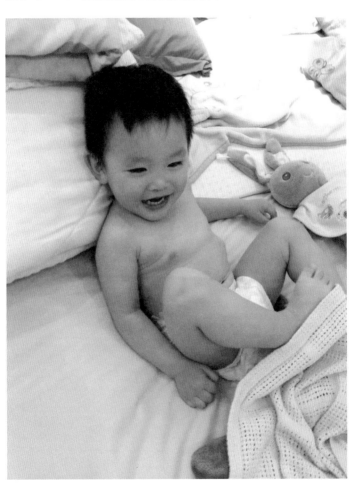

愛玩水的皮小子。

或許是遺傳，
從小就懂得看鏡頭呢！

男生可以是愛哭鬼嗎？

　　故事是這樣的，Willson 4 歲那年，有一次他爸爸去高雄比賽，我按照慣例陪他睡覺，嘻笑聊天後漸漸安靜，心想差不多睡著了吧？正當我張開眼睛準備起身時，聽到微弱的啜泣聲，這小子扁著嘴哽咽地看著我：「媽咪，我怕爸爸在高雄會遇到危險，他被壞人抓走怎麼辦？」語畢立刻放聲大哭，我整個大傻眼，請問夜深人靜的這是在演哪齣？

　　「好啦！媽咪知道你想爸爸，爸爸再過幾天就會回來了，媽咪在這邊陪你啊！」（緊擁）
　　「我想爸爸……嗚……」（再度大哭）

　　如果當時可以後置，我想我身上會有 800 多條的斜線以及落葉，是有沒有這樣父子情深啊！（白眼）

　　我只能一邊在心裡恭喜老公，這兒子他沒白養，一邊吃味地想：下次我錄影夜歸換他爸陪他睡覺，這小子最好也哭著想我！

Willson 從小就超級愛哭，走路摔倒哭、自己撞到東西哭、找不到玩具哭、吃飯吃不下哭、睡不著哭、上學後同學搶他玩具哭、午睡沒睡飽也哭，什麼不如意的事都哭！玻璃心到了極點，根本就是老天派來挑戰我極限的！

我並不是古板的媽媽，我心中沒有「男生不能愛哭」的設定，反而覺得男兒有淚輕彈挺好的。但有時候他愛哭到我猜不透，思考後，我解讀也許是因為小男生比較慢熟，所以當他們不知道怎麼反應或怎麼處理的時候，就只好用哭來表示。男生也是有發洩情緒的權利，一方面也覺得從小壓抑男兒的淚水是一種很不健康的行為；現在兩性都平等了，男生為什麼不能哭？很多時候，我覺得哭出來反而健康，哭完就沒事了嘛！

不過有些時候的眼淚，媽媽也真的是想飛踢他。

某年夏天凌晨 3 點，Willson 哭著醒來，哭聲大到把全家

都吵醒，嚇得我跟他爸想說是怎麼了？進他房間後才明白原來是因為「他很冷」！他本身是個每晚瘋狂踢被的小孩，可能因為這一晚氣溫降低了一些，加上他把被子全踢光然後被冷醒！冷醒之後，發現被子拉來也是冰的，所以翻來翻去越來越冷越想越委屈，於是就放聲大哭了……

這小子真的是過太爽耶！怎麼會有人是冷醒的？我們小時候都是熱醒的，為了要省電，冷氣只能設定幾小時，不能吹整晚，所以幾乎每天快要天亮邊緣就會被熱醒，現在的小孩真的好離譜，居然給我冷到大哭！實在是「命！太！好！」

當然，小孩一亂哭，父母的火肯定會立馬燃燒；家長們肯定常會說：「你哭完再講話！」那完全是我們日常的台詞，邊哭邊說到底誰聽得懂？！通常我都是靜靜地捏著大腿等 Willson 哭完，告訴自己深呼吸，因為他遲早會停的。當哭聲漸歇，這時我就會問：「請問哭完了嗎？」而通常這時他還會繼續要賴一下，多哭個兩聲（以上反覆數次），直到他真正冷靜下來後，我會跟他說：「請問你哭完了嗎？等你真正安靜下來的時候我才聽得懂你在說什麼，而你也聽得到我在說什麼。那請問現在我們可以開始好好說話了嗎？」

等他冷靜下來,你會發現他吐出來的話是經過思考有邏輯的,剛才的一切哭喊都是因為他很生氣或很委屈,一時不知道怎麼辦只好先聲奪人。

比如有一次,妹妹忽然坐在地上哭了起來,大家都立刻看向哥哥,好像已經鎖定犯人等著他解釋一般。但 Willson 很認真地看著我說:「我真的沒有用她,我不知道她到底在幹嘛,我絕對沒有碰到她!」接著我爸媽說:「你不要欺負妹妹,你比較高,你輕輕一碰她就很容易跌倒耶!」別懷疑,這種情況長輩真的都會先怪大的,於是 Willson 就哭了,一直哭說他沒有,一邊哭一邊說:「你們都聽妹妹的就好,都不要聽我的!」

我聽了覺得裡面太多情緒,好像真的不單純,於是我選擇先相信 Willson,慢慢地把事情釐清;事實證明,妹妹真的是自編自導完美演出!幸好旁邊有一位正義陌生人出來主持公道,小小聲跟我說他看到了,哥哥其實只是不小心碰到她肩膀,完全沒怎樣,但沒想到妹妹立刻大哭!這下實在太委屈,我連忙安撫 Willson:「媽媽相信你!你不要哭,我們把事情搞清楚就好了。」

　　因此我相信，哭都是有原因的，並不能因為他愛哭就冠上比較懦弱或軟弱來評判。

　　如果以公平的基準來說，大多時候女生哭大家就會認為很正常，為什麼女生哭，大家就覺得要秀秀；男生哭，大家就覺得娘炮？！自古以來大家都覺得男生要堅強，誰說的？

各種胡鬧。

我自認我比很多男人還來的 Man，但我的哭點也很多啊！所以說，哭泣這回事真的也要男女平等好嗎！

今天給紅心還是黑心？

　　我相信習慣是從小養成的，所以不管是男孩還是女孩，我都堅持自己的事要自己完成，比如從 4 歲開始練習自己洗澡，6 歲開始練習洗便當盒，自己的房間要自己整理；而有成果就會有獎懲，於是地方媽媽某天想出一個機制，遊戲規則就是，我們買了一個白板，白板上面分成兩區，一區是畫紅心的地方，一區是畫黑心的地方。

　　至於給紅心或黑心，定義由我決定！紅心理所當然就是做好事、表現好之類的……比如有一天早上，Willson 很乖地自己換好衣服，吃完早餐，全程都沒有拖拖拉拉，書包也有收好，乖乖等我帶他去上學，這種時候我就會主動跟他說可以去畫一個紅心，讓他出乎意料地得到紅心。

　　但有時候為了想得到紅心，Willson 就會跟我說：「媽咪，我剛吃飯很乖耶！」意思就是暗示我要給他紅心，我就會說：「寶寶，吃飯乖是應該的喔！」；不然就是他會來問我：「媽媽，妳有沒有哪裡很累，要不要我幫妳捶背？」，我就會說：

「寶寶，如果你是為了想得到紅心，那就不用了，發自內心的好表現才可以得到紅心。」

至於黑心的部分，比如說態度差、沒禮貌或是沒有達到我的要求，立刻就送黑心一顆！像是有天早上他又不知道在那邊摸什麼，讓我很火，我就跟他說：「以後7：00以前沒有換好制服，就直接去畫一個黑心，沒什麼好說的！」我相信，這樣一來，他就會很清楚每天7：00前他自己應該要做好什麼事！

這個機制主要是建立起獎懲的概念，很多時候，孩子可能會覺得，爸媽都是唸一唸或是凶一凶而已，又不會怎樣，真的沒做到也不會被扁，久而久之就會皮掉。但如果讓孩子知道你是獎懲分明的父母，一方面不必每件小事都要唸，反正就用記的，到時再來算帳；另一方面也是激發孩子的榮譽心，讓他爭取表現的機會。

當然這個機制有一個彌補的機會，就是兩顆紅心可以抵消一顆黑心，也就是說，如果有三顆黑心，必須要有六顆紅心才能抵消！黑心一個禮拜結帳一次，如果沒有拿到紅心來抵消黑心，到了每星期結算的那天，白板上還有黑心的話，就會被我拿尺打手心，幾顆黑心打幾下。我已經下定決心，我一定會狠狠地打，讓他知道我沒有在開玩笑，以後就會好好做好每一件我要求他的事。

建立這個機制以後，我覺得最大的改變是不用每件事都要父母吼，孩子才會想到要遵守，而是真心地去遵守它。當你有獎懲制度，孩子就不會覺得父母只是說說而已；而當每個星期結算，因為表現不好而挨打時，也是一種理性的處罰，不是歇斯底里的亂打，讓孩子學會不聽話或不守規矩的結果最後還是由自己買單，進而學會對自己負責。

最妙的是，黑心制度實施以來，Willson 還沒有被我打過，因為他會每天看著白板，提醒自己要再賺幾個紅心才能抵消黑心；不過，偶爾可能真的很難增加紅心，我也會放寬讓他默寫幾個成語，或用英文造句之類的表現，來正大光明地抵銷黑心。

　　每個人面對要求，一開始都會很痛苦，心裡難免會排斥；但我相信，要求久了會變成習慣，成為生活的一部分，最後內化成下意識知道什麼該做、什麼不該做，長成一個對自己負責的孩子。

讓孩子有自己的開支

　　Willson 常常放學回家後，鉛筆盒裡的文具永遠和帶出門時不同，不是鉛筆 5 隻剩 1 隻，就是橡皮擦不見，有時候回家要寫功課，找遍房間連 1 個橡皮擦都沒有，這像話嗎？

　　自從他有自己的房間之後，我就開始執行我之前的宣言：自己的東西自己收，只要不是拜託我收的東西，自己的東西不見都是自己的事，和媽媽無關！會這樣嚴格規定，一方面是讓他學會對自己負責，另一方面也慢慢改掉他常常忘東忘西、掉東掉西的壞習慣。

　　於是，我開始讓 Willson 有自己的「開支」，也就是「零用錢」；但除非是要去學校付錢買東西，否則我盡量不讓他碰觸實體的錢。那他零用錢怎麼給呢？比如過年壓歲錢、考試被大人獎勵的獎金，這些金額就會請他記錄在「記帳本」中。像某一次他想請朋友喝飲料，我就會給錢讓他去買，然後再提醒他要登記。我很清楚地告訴他：「需要的東西媽媽會負責，但想要的東西，就會從零用錢扣款。但如果需要的

東西媽媽買了之後，你卻沒有好好保護，那一樣得扣你的零用錢再重買。」

自從這方法開始實行後，幾乎 95% 的東西都會原封不動地帶回來，在暗自竊喜的同時我也發現，這小子原來蠻在乎自己的零用錢的嘛……（已筆記）

但百密也是會有一疏，因為爸爸這種生物呢，很容易就成為媽媽的漏洞！某天早上送 Willson 去上課，Willson 跟爸爸說想去福利社買麵包，豬隊友就自以為聰明的說：「可以呀，那就扣你的零用錢，一個麵包 25 元，回家自己登記 25 元。」Willson 聽到買麵包還要扣零用錢，就耍脾氣說他不吃了！爸爸聽了又想說，買麵包好像也不是什麼壞事，還是掏錢讓他去買了。

這就是沒有原則的最佳示範！首先，小孩哪懂這種玩笑嘛？根本混亂了「想要」和「需要」的定義！再者，怎能因

為小孩耍脾氣就順著他？根本就是自打耳光的行為嘛！

　　也虧得豬隊友還有臉回來跟我講這段！我聽了只能對他曉以大義，如果他都說出要扣 Willson 零用錢、而他也說不買了，就真的不要讓他買，要像我說到就要做到！如果不確定自己做得到，就不要說狠話！

　　要讓孩子知道，需要的，爸媽會付；想要的，你學習自己付。比如學費是需要，玩具是想要；吃早餐是需要，珍珠奶茶是想要；藉機教育他什麼是必須品、什麼是奢侈品，這樣的金錢教育才有意義啊！

有一次，Willson 想買一把玩具槍⋯⋯

「那要 500 元喔！」

「才 500 元那麼便宜！」

「500 元我要賺一天才有，哪有便宜！」

「妳一天才賺 500？」

「才？你下次自己出去賺錢，賺到 500 元就知道這個東西便不便宜！」

接下來我開始曉以大義，告訴他，因為賺 500 元不可能花 500 元，人不能賺多少花多少，要賺 5000 元，花掉 500 元才不會影響你的生活，他想了一下，又問～

「那我們家的車要多少錢？」

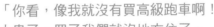「你看，像我就沒有買高級跑車啊！跑車太貴了，買了我們就沒地方住了。」

「那妳喜歡的跑車要多少錢？」

「要 500 萬！」（隨便說說）

「那我以後買給妳！」

呃，好啦，不管是不是甜言蜜語，媽媽聽了還是很感動啦！善意的謊言偶爾也是得有的……哈！

為了落實我的金錢教育，培養金錢概念，現在出去吃飯我都會請 Willson 幫忙買單，比如結帳是 1580 元，我會給他 2000 元，然後問他要找多少錢？總是要先知道要找多少，這

樣找錢的時候才會知道有沒有找錯，藉此訓練一下他的心算能力。

　　這是 Willson 最大的優點，但也是煩人之處，就是他真的很喜歡我出題目考他，而且常常在車上都沒讓我閒著～

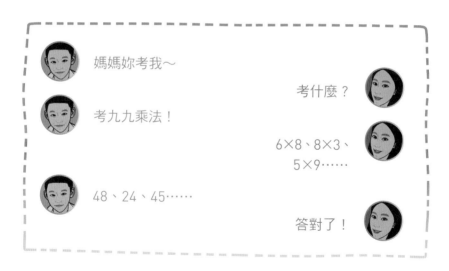

媽媽妳考我～

考什麼？

考九九乘法！

6×8、8×3、5×9……

48、24、45……

答對了！

　　是説，偶爾來個另類的親子互動也挺不賴的啦！

學會保護自己

　　說真的，自從當媽之後沒有一天是安心的，現在社會不像以前單純，治安一直以來都有令人感到擔心的地方，說不擔心孩子的安全，是不可能的，再加上小燈泡事件之後，整個社會人心惶惶，我整個人也神經兮兮，深怕孩子被壞人抱走或傷害！

　　所以從 Willson 開始聽得懂的時候，我就教他一定要牢背爸媽的手機號碼，如果真的不小心走丟了，該如何請大人們幫忙聯絡我們。

　　另外，我也教他一定要提防陌生人，如果真的遇到危險，像是被陌生人抓住或是被強行抱起時，除了大叫，還要用力踢他、咬他，想辦法掙脫之後立刻往人多的地方跑，不管用什麼招式，自己的安全最重要！

　　只不過面對強壯的大人，小朋友的拳腳如何能抵抗？所以等 Willson 再大一點之後，我開始教他要攻擊壞人的要害，

一是「戳雙眼」，二是「攻擊喉嚨」，這兩個部位都會讓人很不舒服，這時候就可以藉機跑走求救。

結果，有一天我和他在床上玩壞人遊戲，我一把從後面摟住他裝壞人，他卻在這時候「學以致用」，一個反身以迅雷不及掩耳的速度手指就往我眼睛裡插……

我明明超痛，但卻好氣又好笑！只能安慰自己「這小子太棒了，有牢記媽媽說的話」，還乘機機會教育：「對，就是這樣攻擊壞蛋！但是媽媽需要先休息一下……」這一段我曾經上節目分享過，大家除了捧腹大笑外，也都為 Willson 的現學現賣拍手叫好！

Willson 剛上幼稚園的時候，還不太能理解我所說的，孩子的世界很單純，哪明白何謂黑暗、何謂壞人？所以我們常有以下對話：

寶寶，如果你受傷了，媽媽會比你還痛。
如果你不見了，媽媽會為了找你什麼東西都吃不下
也睡不著。你希望媽媽變得那麼痛苦嗎？

我不要！

那媽媽問你，我最愛的人是誰？

我！

沒錯！媽媽最愛的人是你，
所以你千萬要學會保護自己，不然媽媽會最傷心喔。

藉由這樣童稚的對話，讓他開始明白保護自己的重要，加上我是永不放棄的魔羯座媽媽，從小就採取一直講、講一百次一千次也不厭倦的「洗腦式」教育！像是「不要和陌生人說話」、「不可以拿陌生人給的東西」、「就算說要帶你去找媽媽也不能跟陌生人走」這類最基本的自我保護觀念，每天都要耳提面命一次，直到內建在他的小腦袋裡。

當然現在比較大了，每當新聞出現相關兒童事件報導時，我會立刻再次機會教育，告訴他：爸爸媽媽絕不會忽然請別人去接你放學，更別提是你沒見過的陌生人！就算有請

親戚還是朋友去接你，我也一定會事先告知，如果你警覺心高一點，甚至打電話跟我再三確認都沒關係，你的安全永遠是媽媽最在意的事！

女兒 Tammy 出生之後，帶兩小外出我更是小心，走路時一定是一手牽一個！就算 Willson 大了，有時候不給牽，但他知道一定不能離開我的視線範圍。加上我對「背後靈」一向很感冒，不習慣有人走在我的後面，如果在外行走，感覺有人在我們後面又離我們很近，我的雷達會立刻警戒起來，通常我都會先自動讓到一旁，讓對方先走，我才能安心前進。

雖然這麼神經兮兮，但我還是相信人性本善，也相信這個社會還是很溫暖並且有正義的。教孩子保護自己依然是爸媽最重要的功課之一，畢竟防人之心不可無啊！

夫妻同心

父母的期望

　　不知道大家記不記得，在 Willson 1 歲的時候我曾經在 FB 分享過他灌籃的影片？只能說遺傳真的很可怕，Willson 從小運動細胞就非常好，身手靈活、協調性佳，不管哪種運動他都可以很快學會，充分展現過人的體育天分；而他尤其熱愛籃球，從他的抓周派對上只抓籃球就可以看出端倪了。

　　1 歲多開始，他就會拿籃球輕輕灌進籃框；2 歲多時，就可以拿小球投大人的籃框；4 歲開始喜歡看 NBA，有一次看完 NBA 後手癢想灌籃，還逼我幫他拍影片留存！記得當時他先是對鏡頭帥氣比個 YA，就直接衝向幼兒版籃框，躍過自己擺設的障礙物，俐落地「飛扣」單手灌籃，實在頗有他籃球員老爸的架式。

　　隨著 Willson 漸漸長大，他的願望直到 7 歲都尚未改變，依然希望長大能成為「籃球員」。

　　而身為一個職業籃球員的太太，我比任何人都明白這個職業有多辛苦。常常一身傷不說，職業生涯也有限，如果我的兒子真要步入爸爸的後塵，說實話，我並不樂見。

　　我從小被父親控制慣了，對於自己的未來也不太有想法，更別說從小立志期望未來成為什麼，想都沒想過。以前那個年代，哪對父母不是望子成龍、望女成鳳？少數人可能因為現實不允許，標準必須降低，但也還是希望孩子能進個什麼大公司上班，就算是做基層員工都行，感覺才會穩定才有未來；但實際上，這真的是孩子希望的嗎？那可不然。

　　我不否定早期父母對孩子的制式期望，小時候我也曾經期盼父親能夠支持我的小小夢想，卻都事與願違。這算遺憾嗎？如果時光能倒轉，我其實很想體會看看那種被父母支持夢想的感覺，應該很幸福吧？因此，對於我自己孩子的未來，我絕對會在一旁給他最真摯的建議，分析利弊，但最終的決定，我會予以尊重，把決定權交給他自己。

如果你沒有很出色，就不要打。

運動員這個職業，沒有辦法拿歲月去熬去拼；年齡可能曾經是你完美的利器，但光陰過後，也會立刻變成你的致命傷。在台灣，依照我的觀察，大部分的球員過了 32 歲之後，大家會漸漸開始稱呼他為「老將」，並不會因為你體力過人、球技依舊精湛而放寬；畢竟一代新人換舊人，這個世界總是殘酷的。因此，我認為這個職業的生涯最多可以擁有 20 年的精彩，就如同我的先生一樣。

反觀之，如果你不是眾所皆知的明星球員，用白話文來說是「也許你打不出個名堂」，但人生三分之一的時間為了運動而運動，假使到了人生該轉折的時候，那時該怎麼辦？放得下嗎？如果堅持要走這一遭，就必須先得擁有其他武器，足以對抗這社會的千變萬化，才能繼續安心地往下走。

　　這些太深太沉重的體悟，要一個 7 歲的孩子如何能體會？因此我只能先和對兒子抱有很大期待的爸爸約法三章：首先，對運動員來說，身高體能都非常的重要，在我們的照顧之下，讓兒子的條件達到最佳狀態，才能面對未知的挑戰。再來，必須顧好課業，這是再重要不過的事！假使哪天不能再繼續打球了，起碼可以靠努力存下的知識學問，再到別的地方發光發熱，過好之後的生活。最後，是依照我們的判斷來決定：如果沒有強到我不訓練他簡直對不起國家，或是潛力無窮不培養實在可惜的地步，我們就該早早放棄，直接朝兒子第二候補的夢想前進，在旁邊輔助他，絕不浪費人生。

　　其實我和老公對孩子的期望不太相同，他屬自然發展型，把持三大原則：「腳踏實地、健康平安、人格端正」，如此他就心滿意足了；而我，則是希望能用心地參與孩子的生活，在旁邊擔任他的顧問、他的伯樂、他的知音，讓他能無憂無慮地朝自己的夢想一步一步邁進。

　　這樣的不同，也許來自於我們從小經歷的一切：老公從小就是運動員，從無到有靠自己努力順利闖出一片天，這一做，就是 25 年，因此他可能沒辦法深刻體會外面社會的殘酷

模式；而我卻是體會得很透轍！他曾經跟我說過，如果孩子以後不愛念書也不要強求，每個人都會有屬於自己的宿命；但我始終相信，無論在各行各業，都要有基本的學歷和能力，才能在這個競爭激烈的大環境裡生存下去，人定勝天啊！

我永遠忘不了在某篇短文看到的一句話：「如果不讀書，行萬里路也終究像個郵差罷了！」這句話其實寓意很深，如果看不懂，也許就會誤會他其實是在批評郵差──這就是基本學識的重要啊！

兒子啊，長得好看是優勢，但活得精彩可要靠本事！爸爸媽媽都希望未來你能自己選擇人生，而不是只能被迫謀生啊！

隊友觀念大不同

　　我覺得我老公的教育觀念比較偏向上一代，我不敢說我有多靈活多睿智，但起碼我很清楚那樣的模式在這個世代是完全不適用的。比方說某一天，我問 Willson：「你比較怕我還是比較怕爸爸？」他不加思索馬上回答爸爸。我問為什麼，他說因為爸爸很兇，我又問：「那難道我不兇嗎？」他回答：「因為他只會兇。」

　　當下我聽了覺得很不可思議，一個 6 歲的孩子為什麼會有這種思維？我馬上回應：「那是因為爸爸想要教你啊！」他竟然回：「他只有兇，哪有教？」

　　我才驚覺，原來孩子是有辨別能力的，不能因為他們還小就忽略掉其實他們心思細膩善於觀察啊。為了幫爸爸洗白，我是這麼解釋的：「有時候你真的太調皮，爸爸可能有事要忙，沒有辦法馬上跟你解釋當時的情況，加上如果你當下正在做危險的事情，爸爸只能先聲奪人，讓你先遠離危險！這就叫作『情急之下』；但是大人一味地只會兇小孩，

的確不是一個好的榜樣，有機會媽媽會和爸爸聊聊，請他往後要記得告訴你原因。但爸爸是很愛你的喔，有時候人啊，會因為很在乎某些事情而特別容易有情緒；如果某一天爸爸朋友的小孩很頑皮很無理取鬧結果讓自己受傷了，你可以仔細觀察看看爸爸的反應會是什麼？跟你受傷的反應有什麼不同？你再跟媽媽分享。」

Willson 點點頭，好像有點接受我的說法，我表面平靜，但心中其實有點慌，現在的小孩真的太成熟了，才 6 歲我都快招架不住了，到了國高中該怎麼辦？於是我決定，該是和老公促膝長談的時候了……

我建議他，有時候在兇之前好好深呼吸一下，提醒自己好好的說話！我記得我用一個簡單的觀點舉例：現在兒子還小，130 公分，你以上對下的態度他會怕是正常的；假設到了高中，他認為他長大了，一個血氣方剛無畏天下的半熟青少年，你認為你繼續兇還有用嗎？他真的會採納嗎？

我們應該要讓孩子服氣，而不是讓孩子害怕。如果他心中服氣，就算他已經又高又壯甚至要低頭看著你說話，他也

會覺得爸爸永遠是他的榜樣。

　　小男生比較皮，爸爸越權威，他可能會更叛逆。如果我們沒辦法抓住他的心，一旦超出我們管轄範圍，就很容易失控撒野，我本人不就是這樣的例子嗎？威嚴之餘也要適時的表達愛，我認為教養應該是父母真心信任孩子，讓孩子也能打從心底尊重父母，而不是只有害怕，因為害怕就會逃避，逃避就會隱瞞！如果他每天都在外面為所欲為，只有回家才當乖小孩，這樣的雙面小孩，相信是誰都不樂見的。

　　現在的社會案件層出不窮，很多媽媽都會活在「那不是我小孩做的，我小孩很乖很懂事不可能會那樣」的漩渦裡～問題是，那真的就是她的小孩！羅馬不是一天養成的，種什麼因你就會得什麼果。

　　很多專家倡導，對待孩子的態度應該是要溫柔而堅定，畢竟現在的孩子在這個資訊爆炸的世代，不能用上一代的教育來比照辦理，所以我反問我老公，你看我們都長到為人父母了，才偶爾跟爸媽聊個心事，你想想你從小到大，跟朋友出去玩的場所內容，有幾次是你會100％實話實說的告訴爸

父子感情好，世界更美好。

媽的？反正説不説都只有反對，那乾脆説謊還比較來得輕鬆。像我爸媽也從來不會相信我去撞球場就真的只是想打撞球啊！但假如你願意試著相信，説不定你會發現，他根本就是個撞球奇才！

教養永遠都不會是條單行道，如果孩子不聽話兇就有用的話，那些教養專家們早就失業了！！

我也是等到自己當媽之後，才真正懂得什麼叫作「拿捏」：有時候明明很想發火，但我會盡量「拿」出理智，用力的「捏」自己大腿！當我發現自己有情緒的時候，我會努力試著讓大家都平靜下來，再開始處理事情。這是我的改變，而我希望我的隊友也能做到這一點。

曾經看過一篇報導，內容是請父母反思：你是在管教孩子，還是在發脾氣？所謂「教養」，應該是包含「教」育和「養」育，而教育往往比養育更難，也更為重要。在愛與原則之間，如何做權衡，正是為人父母的課題啊！

我的大兒子

　　自從女兒 Tammy 出生之後，我常常笑我們夫妻簡直是變臉這部電影的男女主角！常常一邊嚴肅地盯著 Willson 的功課，一邊又瞬間被笑咪咪的 Tammy 給融化。兩個孩子相差 6 歲，妹妹現在才 2 歲不到，而哥哥已經是小學生了，所以對待的態度當然不可能一樣，雖然公平如我，但我真的必須承認，我們對待妹妹真的是很難生氣，因為她實在太愛笑太討喜太貼心了！

　　哥哥正屬自以為的屁孩時期，而妹妹還是在一個人見人愛的狀態，所以我常常上一秒大吼完哥哥全名，下一秒就可以轉頭對正在跳舞的妹妹説「妳～好～可～愛～喔～」；通常一天裡連續這樣幾次之後，我真的會捫心自問：我到底在幹嘛啦！

　　自制力那麼好的我都無法避免這種情形發生，更別提那位自稱是女兒前世情人的先生了！他的症頭比我嚴重很多，當然大家平安無事的時候就天下太平，但當兒子耍賴胡鬧的

時候，變臉翹楚就亮麗登場了。

前一秒：「去洗澡了到底要我講幾遍？！」
下一秒：「妹妹啊，爸爸幫妳洗澡好不好啊？」
對兒子超嚴厲，但轉頭對女兒立刻化身慈父，讓我在旁邊看了都不禁自我反省一番。

有一天，我忍不住問我老公：「你好像很久沒有叫兒子英文名字了，幾乎都是連名帶姓的叫，而且，你記得 Willson 3 歲前我們都是叫他寶寶的嗎？我們有時候是不是對他太兒了啊？」

某一天 Willson 考試考了一題造句：「……是……的寶貝」，他的答案是：「妹妹是爸爸的寶貝」看到考卷時我突然一陣鼻酸，為什麼不是造「我是爸爸的寶貝」呢！我拿給爸爸看，然後問他：「怎麼樣，你心不心酸？」我都快哭了我！

結果沒想到，我這位幼稚的「大兒子」，隔天竟然去質問「小兒子」：

為什麼你造句寫妹妹是爸爸的寶貝？
那你是誰的寶貝？

我是媽媽的寶貝。

是誰每次都帶你去玩神奇寶貝機台？
是誰買戰鬥陀螺給你玩？是誰帶你去球場打球？
媽媽不讓你吃巧克力，都是誰偷偷買給你吃的？

好啦，好啦，我也是你的寶貝啦！

這還差不多。

明明就是想表達——「你也是爸爸的寶貝啊！」；可竟然用如此幼稚的方式來進行，我真的是服了這個豬隊友了！

豬隊友的優秀行徑還不止這樣而已呢！我老公很愛嚇唬小孩，他以為說說而已小孩就會怕了。最愚蠢的行為就是很愛嗆他永遠做不到的事！

比如有時候他很生氣，就會帥氣地撂狠話：「Willson 你再這樣不乖，放假就不准到樓下遊戲室跟朋友玩！」我在旁邊聽了，心中 OS：哼，你做得到嗎？你明明就是最期待每週這幾小時的黃金放風時間，所以那麼愛嗆聲到底是在懲罰誰？做不到就不要輕易說出口，不然以後你說的話很容易就會變成空氣！

孩子不會故意把你的話當空氣，而是你讓他覺得可以把你的話當空氣！

　　Willson 太聰明，只被嚇唬幾次就發現爸爸其實很沒原則，所以只要趁他心情好耍賴一下，通常都可以得逞！你們說，我容易嗎我？不但要教育兒子，還要教育老子！

　　夫妻之間，由於出身不同家庭，對孩子的教養方式難免不同，我只能說，有時候最大的敵人真的是枕邊人！平日裡我是他的小女人，以他的意見為主；但在育兒上，我比較有想法。雖然豬隊友既幼稚又沒原則，但幸好他大部分都很尊重我的選擇，因此就算神和豬很難變成朋友，但神還是會願意牽起豬那迷惘的雙手的～哈哈。

　　教養沒有捷徑，要和孩子和平相處，不但要有方法、有智慧，還要有原則。每個人都是當了父母之後才學習怎麼當父母的，如果你也有豬隊友，記得教育他的同時，也要給他一點學習的時間喔。

兩性教育不能遲到

　　還記得我的教養理念是不重蹈覆轍上一代的墨守成規嗎？但是，我老公的思維，不但故步自封，甚至還更老派！

　　有一天他驚慌失措地對我說：「妳知道剛剛兒子問我什麼嗎？他問我精子跟卵子是怎麼碰在一起的！我簡直不敢相信……他竟然問我精子跟卵子是怎麼碰在一起的？！」

　　說真的我很驚訝，因為當時 Willson 才小學一年級，「精子」和「卵子」這名詞是去哪聽來的啊？但我更驚慌好奇爸爸是如何反應……於是我就捏著一把冷汗問他：「那請問你是怎麼回答兒子的？」我老公說：「我能怎麼說啊！只能回他『你以後長大就知道了』。」我扶著額頭，忍不住說：「你就是所有教養書上最糟糕的典範耶！再怎麼樣也不是這個回答吧！而且，你起碼要問他是從哪裡聽到的吧？」

　　雖然是這麼義正嚴辭，覺得老公根本是在逃避兒子的問題，但我忍不住想：兒子如果是來問我，我當下也很有可能

嚇傻，畢竟我沒料到我會那麼早就被問到這題！

　　第一個孩子照書養，每個人都是當了媽媽之後才學習當媽媽，但雖然我已經很認真在學了，真的沒想到進度會這麼超前，才一年級就直接跳到我們以前可能是五年級才學的性教育，可見我還是準備得不夠周全！

　　對一個才7歲的孩子，總不可能直接告訴他讓精子跟卵子碰在一起這件事就叫「做愛」吧？前面提過，我認為要用孩子聽得懂的語言跟他們進行溝通，用他們的思維去想他們的反應，所以我特地上網查應該怎麼形容這一切比較好。整件事情的前後順序很重要，一來不能講得太動物性，二來應該要把它科學化會比較好，比如要這樣說：「因為男生的精子跟女生的卵子在輸卵管附近相遇了，就會變成一個受精卵，受精卵在子宮裡就會變成嬰兒，就像你之前看到媽媽肚子裡妹妹的超音波照片。」

嗯，這樣的回答有及格嗎？如果他繼續追問：「那他們是怎麼遇到的？」我可能真的會結巴⋯⋯

父母果然都會在這題慘遭滑鐵盧，我其實很願意和孩子敞開心胸聊這個話題，但因為他的年紀實在還太小，太直白也不適合。好在 Willson 近期沒再問過，希望他下次再發問時的年紀已經大到可以讓我知無不言、言無不盡了。

不過，雖然性教育還沒開始，但「兩性大不同」這件事我已經開始在生活中潛移默化了。比如說 Willson 現在已經知道我在換衣服時不能突然闖進來，因為我一直灌輸他「男生要懂得尊重女生」這個觀念。在家裡，媽媽和妹妹都是女生，跟他是不同性別的，所以要進女生房間之前，一定要記得先敲門，因為我告訴他：你已經是小男孩，不再是小寶寶了。

有好幾次，他會直接就推開廁所門問我事情，無論我正在廁所幹嘛，我都會立刻告訴他：「寶寶，你記得媽媽跟你說過要敲門才有禮貌嗎？」他就會立刻把門關上，待在門外說：「那我這樣說可以嗎？」久而久之，就養成這個習慣了。

　　這個年紀對異性身體的差異感到好奇，其實很正常，畢竟男生本來就和女生長得不一樣，大概從大班開始，Willson開始會問我，為什麼妳的胸部長這樣？為什麼我和爸爸的跟妳的不一樣大？我就藉此機會教育跟他說，因為男生是男生，女生是女生，各自有不同的部位。除了胸部之外，下半身也長得不一樣，女生有陰道、男生有 GG。解釋完之後，再告訴他，我們要尊重每個人的身體，而且每個人都有不被別人看到身體的自由，所以當我在換衣服或裸體的時候，都應該要迴避才有禮貌。

　　可能有人會覺得，反正是自己生的兒子，何必這麼見外？但我還是覺得，這不是扭捏，而是禮貌，如果我沒有教他，以後在學校和女生一起上游泳課，他如果一直盯著女生的胸部看，豈不是很沒家教？

　　至於男生和女生為什麼不一樣？我跟 Willson 說：這就是很自然的事，就像小狗狗也有分公的跟母的。長大後男生會變聲會長毛，女生會長胸部，那是屬於女性的特徵。我還跟他說，等你長大後，就會發現男生的力氣永遠比女生大，所以男生才要保護女生，你以後不止要保護你的女朋友，也要

保護自己的妹妹，當然還有媽媽。

　　在現階段，我只能先教他要尊重女生；其他的，我想我還要繼續學習。不過，其實有些書局會賣一些給小朋友看的兩性教育繪本，如果比較不擅於解說這部分的家長，不妨買來參考看看。

父女每日調情不厭倦。

豬隊友進化史

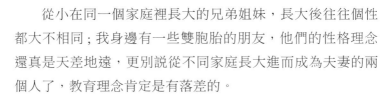

　　從小在同一個家庭裡長大的兄弟姐妹，長大後往往個性都大不相同；我身邊有一些雙胞胎的朋友，他們的性格理念還真是天差地遠，更別說從不同家庭長大進而成為夫妻的兩個人了，教育理念肯定是有落差的。

　　家家有本難念的經，每對夫妻都會遇到需要磨合的地方，不得不承認，我和我老公在小孩的教育上，也是常常爭吵、經常溝通，不過最後往往都是我的堅持戰勝他的固執。

　　我最先達標的堅持是：**一方在教，一方沉默。**

　　我老公是個不折不扣的固執金牛座，某些觀念我可能試著說服他 N 遍，但最後他選擇堅持己見的比例也算偏高，讓我有時也是很想飛踢他！可因為意見相左就放棄教育孩子了嗎？不！怎麼可能！因為害怕夫妻感情越吵越薄就改變你教養的初衷嗎？不，我做不到。所以久而久之我也明白了一個道理——**世上最笨的想法就是試圖想改變他人。**

　　因此我告訴他，從小我們就在很不同的環境長大，你自由自在，一直都在為運動奉獻；而我就是個終於飛出去的籠中鳥，渴望自由，卻又害怕放縱。我們兩個對於風箏的線該如何收放自如尚未目標一致，所以最快的磨合方法，我想就是「你教的時候我住口，我教的時候你閉嘴！」待夜深人靜趁孩子睡著後，再來溝通出個彼此都能接受的想法予以執行，才是王道。這樣既不會讓孩子們覺得父母不一致導致他混亂，不知該以哪個為基準，另外更是在當下充分表現出尊重另一半、支持另一半的態度，小孩才不會有機可乘地找漏洞鑽。

　　與其大吼大叫不成調，倒不如讓家裡的原則樹越發茁壯，教養才能事半功倍。

　　我真心覺得，其實最好的家庭教育就是「**爸爸愛媽媽**」；因為愛，孩子可以同時學會尊重與付出。而我們家孩子他爸，確實有做到這個典範！他為了與我教養同步伐，大丈夫能屈能伸，願意配合也願意一起進步，根本孺子可教也。來，大家給他個熱情如火的掌聲吧～～～

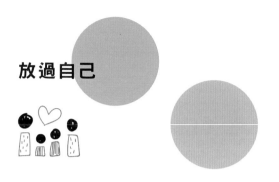

放過自己

　　父親辛苦了大半輩子拉拔我們長大，為了家庭他甘願犧牲掉原本屬於自己的生活圈；母親辛苦了大半輩子拉拔我們長大，照顧家庭之餘她保有她始終喜愛的交際和娛樂；上述兩種生活，都是他們自己選擇的人生！好與不好旁人無法評判，天秤自在他們心中。但是從我的視角看出去，取得中間值才是不枉費走過為人父母這一遭！而這兩種對比，就活生生地在我的家上演，我成為人母後的家。

　　我的老公，知名職籃國手，當初認識他時，身邊的人是這麼形容他的：「籃球圈不可多得的一片淨土。」語畢，我滿頭黑人問號？？太浮誇了吧！哪有這樣形容一個人的？！是很乖的意思還是什麼？當時實在是有聽沒有懂，狐疑地想：這應該算是稱讚吧……

　　直到真正交往到現在結婚生子，總共 12 個年頭，我想我明白了！以前聽過有人說：每個爸爸都會是自己女兒未來選擇伴侶的標準！繞了幾圈，最終我選擇嫁給了一個我父親的

年輕版？呵，老天爺還真有趣！我父親人生就三件事：賺錢、家庭、看報紙；我老公人生一樣三件事：賺錢、家庭、打電動～根本90%完全神複製！

我是一個外表看不出來但內心其實保守到極點的摩羯座，受到原生家庭影響，雖然百般提醒自己千萬別以為自己姓嚴就該很嚴謹！但從小到大的根深蒂固，我還是成為了一個會要求規範孩子生活大小事的強迫症媽媽……容易嗎？真的不容易。如何權衡這些控制？如何學會放手？何時懂得放過自己？這沒有標準答案，但我知道，我要努力讓自己「活得順心」就很了不起了。何謂順心？我的解讀是，能在壓力之餘找到正確釋放的出口，你就成功了一大半！

記得幾年前結束工作的一個下午，一如往常的開車回家，廣播裡傳來一首慢歌，聽著聽著，我的眼淚不由自主地落了下來……天啊，我哭了？我哭什麼？！那歌太感人？拜託我壓根沒聽過耶！漫天的 OS 在我心中此起彼落，我整個

人沒靈魂地繼續開著車，默默地在一個公園旁停了下來；看著公園裡面的老人家悠閒地走著，年輕人大無畏地在球場上對戰著，小孩無憂無慮地奔跑著，小樹隨著風多麼愜意地飄曳著，霎時我忽然明白了我的眼淚從何而來。

嗯，那應該是**抗議的眼淚**……

原來我太忙了，忙到都忘了其實我好累！為了工作累，為了人際關係累，為了家庭累，為了孩子累，為了柴米油鹽醬醋茶累，為了好多雜事累……累累累，卻一直都忘了「為自己累一次」。

我開始試著找姐妹出去逛街血拼購物、找閨蜜大吐苦水、找厲害的按摩店舒壓、找 KTV 大唱特唱自己喜歡的歌、找書局看有趣的書、找旅遊網看哪邊適合旅遊、甚至是一個人到咖啡廳發呆都好！抒發的管道找到了，人就輕鬆了。最起碼在這些小放縱後能得到一絲慰藉，就像是手機充飽了電般，又可以繼續操作接下來的人生。別讓這些放鬆變得奢侈，試試看，妳將會感謝此生妳買了這本書。

　　最後這個章節我想要說的是，每個人都有權利去選擇自己人生的樣子，而我想要的樣子，可能會因為家庭無法變得太具體，但努力達成各方面的平衡絕對是我會勇往直前必須完成的課題！

　　勉勵所有跟我一樣正在扮演一位超人媽媽的妳，加油！教育往往比養育更難，讓我們發了瘋似地努力達到屬於妳自己的滿級分吧！

Willson 造型秀

Tammy 可愛秀

玩藝 0089

控制狂媽媽

冷靜面對孩子情緒，軟硬兼施對付各種耍賴，
講一遍不聽我就講一輩子的嚴媽實戰守則

作　　　者—嚴立婷
攝　　　影—壹加壹攝計工作室
妝　　　髮—翁欣怡
服裝造型—淘樂思造型有限公司
封面設計—季曉彤
內頁設計—楊雅屏
責任編輯—施穎芳
主　　　編—汪婷婷
責任企劃—汪婷婷

總　編　輯—周湘琦
董　事　長—趙政岷
出　版　者—時報文化出版企業股份有限公司
　　　　　　10803 台北市和平西路三段二四○號二樓
　　　　　　發行專線　（02）2306-6842
　　　　　　讀者服務專線　0800-231-705、（02）2304-7103
　　　　　　讀者服務傳真　（02）2304-6858
　　　　　　郵撥　1934-4724 時報文化出版公司
　　　　　　信箱　10899 臺北華江橋郵局第 99 信箱
時報悅讀網— http://www.readingtimes.com.tw
電子郵件信箱— books@readingtimes.com.tw
時報出版風格線臉書— https://www.facebook.com/bookstyle2014
法律顧問—理律法律事務所　陳長文律師、李念祖律師
印　　　刷—詠豐印刷股份有限公司
初版一刷— 2020 年 1 月 17 日
定　　　價—新台幣 390 元

控制狂媽媽：冷靜面對孩子情緒，軟硬兼施對
付各種耍賴，講一遍不聽我就講一輩子的嚴媽
實戰守則 / 嚴立婷著 . -- 初版 . -- 臺北市：時報
文化 , 2020.01
　　面；　公分 . -- (玩藝 ; 89)
ISBN 978-957-13-6455-1(平裝)

1. 親職教育 2. 親子關係

528.2　　　　　　　　　　　108022446

時報文化出版公司成立於一九七五年，並於一九九九年股
票上櫃公開發行，於二○○八年脫離中時集團非屬旺中，
以「尊重智慧與創意的文化事業」為信念。

（缺頁或破損的書請寄回更換）

VirusBom⁺
病 毒 崩

對抗細菌病毒
守護全家人的健康

安 全 | 無 毒 | 不 殘 留

VirusBom病毒崩 您育兒的好幫手

品牌代言人
嚴立婷

VirusBom⁺
PLUS
病毒崩
臺大技術移轉
300ppm | 500ml

VirusBom⁺
PLUS
病毒崩
臺大技術移轉
100ppm | 500ml

面對各種不斷變異的病毒，該如何安心？防疫嚴究員－立婷親自為您把關

拒絕 *腸病毒*、拒絕 *A╱B型流感* 病毒的威脅
隨時隨地噴一下，輕鬆崩解各種細菌病毒結構

病毒崩
官方網站

病毒崩
粉絲團

蔓 妮 藝 能 有 限 公 司
106台北市大安區忠孝東路四段15號10樓之1

02-2779-1267
AM10:00-PM18:30